La ley de la atracción

Los secretos y hábitos para manifestar salud, felicidad, riqueza y abundancia ilimitada en todas las áreas de tu vida

Por Maya Faro

Copyright © Maya Faro 2022 - Todos los derechos reservados.

ISBN: 978-1-80095-091-7

Ninguna parte de esta publicación puede ser reproducida, almacenada en un sistema de recuperación o transmitida de ninguna forma o por ningún medio, ya sea electrónico, mecánico, de fotocopia, de grabación o de otro tipo, sin el permiso previo por escrito del autor y de los editores.

Aviso Legal:

Tenga en cuenta que la información contenida en este libro es solo para fines educativos y de entretenimiento. Todo el esfuerzo se ha ejecutado para presentar información precisa, actualizada, confiable y completa. No se declaran ni implican garantías de ningún tipo. Los lectores reconocen que el autor no participa en la prestación de asesoramiento legal, financiero, médico o profesional.

Al leer este libro, el lector acepta que en ningún caso el autor es responsable de las pérdidas, directas o indirectas, que se incurran como resultado del uso de la información contenida en este documento, incluidos, entre otros, errores, omisiones o inexactitudes.

Introducción 5
Capítulo 1: El subconsciente y las ilusiones sobre la realidad 9
    La conciencia 10
    Un mundo de ilusiones 13
    La energía 15
    Los pensamientos 16
    Las emociones 17
    El poder de atracción de las emociones 21
    La mentalidad de la ley de la atracción 25
Capítulo 2: Cómo eliminar la resistencia 27
    El amor y el aprecio 27
    El amor propio 29
    Los valores 30
    ¿De quién es la vida? 31
    La apreciación 34
    La meditación 37
    Sumérgete en tus emociones 41
    Amate a ti mismo 43
    Escribe un diario 44
    Las visualizaciones 45
    Las afirmaciones 46

Capítulo 3: La combinación del poder de la emoción y la intención 48

    La intención 49

    Las emociones 50

    Cómo afectan tus intenciones a la conciencia 51

Capítulo 4: Cómo encajar las piezas 53

Capítulo 5: La ley de la atracción y las relaciones 55

    Cómo hacerte amigo de tus aspectos inconscientes 58

    Adentrarte en la perspectiva del otro 61

Capítulo 6: La ley de la atracción y el trabajo 66

Capítulo 7: La ley de la atracción y el dinero 74

Capítulo 8: La ley de la atracción y la salud 85

Capítulo 9: La ley de la atracción y la superación personal . 92

Capítulo 10: Cuando la ley de la atracción tira de la alfombra debajo de ti 95

Capítulo 11: Cómo reunir toda la información 100

    Ejercicio para cambiar una creencia 102

    Crea una agenda 105

Capítulo 12: Mantén el esfuerzo 107

Toma de decisiones 108

    Grupo de apoyo 109

Palabras de aliento 110

Introducción

Imagina a una persona que va a un restaurante mágico, este restaurante no tiene menú, y esta persona puede pedir cualquier cosa que quiera comer, para ello todo lo que tiene que hacer es imaginar lo que quiere comer y el camarero se lo llevará a su mesa. Ahora imagina un escenario diferente. Otra persona va a este mismo restaurante, pero no está segura de lo que quiere comer. No solo tiene problemas para decidir lo que quiere comer, sino que también piensa en los alimentos que no quiere comer. En esta situación, el camarero le trae toda la comida en la que ha pensado: los alimentos que le gustan, los que no está del todo seguro y los que le dan asco.

Los factores determinantes que hicieron que estos dos escenarios terminaran de forma tan diferente son la concentración y la conciencia. La primera persona se centró en lo que quería, mientras que la segunda se centró en cualquier pensamiento que se le ocurriera. Aunque no es evidente en los escenarios, el nivel de conciencia fue otro factor decisivo, es decir, la conciencia de lo que se estaba enfocando. El reto al que nos enfrentamos la mayoría de nosotros es que no somos conscientes de serlo. Es como el adagio *"la definición de locura es hacer lo mismo una y otra vez esperando resultados diferentes"*.

La mayoría de nosotros hemos tenido experiencias en las que hemos confundido nuestra conciencia limitada con la realidad de la situación. Un ejemplo de esta conciencia limitada es cuando intentamos practicar una determinada habilidad de manera incorrecta. Imagina a alguien que intenta aprender a jugar al tenis o al golf sin una instrucción adecuada. Sigue utilizando una forma incorrecta y obtiene los mismos resultados. Un día, se encuentra con alguien que le enseña la técnica correcta. Ahora, cuando practican, obtienen nuevos resultados y experimentan una mayor conciencia de cómo jugar el juego.

La conciencia en sí misma no tiene restricciones y es ilimitada, inmutable y constante. Lo que sí cambia es nuestra capacidad de percibir la naturaleza de nuestra experiencia con mayor claridad. Imagina que el sol y la luna fueran seres pensantes. La luna puede estar pensando para sí misma "*soy la que crea la luz que brilla en el cielo del atardecer*".

La luna cree que es la que genera la luz, cuando en realidad es el sol la fuente de esa luz, ya que la luna solo refleja la luz del sol. No somos muy diferentes de la luna. Ella simboliza nuestra conciencia personal, mientras que el sol representa nuestra conciencia mayor o universal. La luz del sol es infinitamente mayor que la que refleja la luna. Mientras creamos que solo somos la "luna", tendremos una visión limitada de la realidad. No obstante, cuando desarrollemos el conocimiento de que somos el "sol", llegaremos a saber que nuestro nivel de conciencia es ilimitado, al igual que nuestra experiencia de la realidad.

La mayoría de nosotros considera que nuestra mente es la fuente de la conciencia y que nuestras experiencias son la realidad objetiva. Esta creencia es como si la luna creyera que es la fuente de la luz. La conciencia no se crea en el cerebro de cada individuo, sino que cada uno de nosotros es como una torre de telefonía móvil que capta la señal de la conciencia universal. Cada persona está originando su experiencia única de la realidad que se basa en el nivel de conciencia al que está abierto. En lo que somos conscientes es en lo que nos enfocamos, y en lo que nos enfocamos crea nuestra realidad. Al contrario de lo que expone la ciencia, la realidad es subjetiva y no objetiva. Hay un número infinito de realidades, todas las cuales son la expresión de un único campo de energía que contiene un potencial infinito. Este campo energético es la fuente de toda la existencia, incluida la conciencia. Ampliamos nuestra experiencia de la realidad cuando desarrollamos una mayor conciencia de la naturaleza de la conciencia, y al entender la conciencia, entendemos la ley de la atracción.

La ley de la atracción es un aspecto integral del universo, es tan natural como la gravedad. Todo el mundo la utiliza para formar su experiencia. La única diferencia entre las dos personas que comieron en el restaurante mágico fue que una de ellas entendió cómo emplearla, mientras que la otra no fue consciente de ello. En este libro, exploraremos la ley de la atracción, tanto en su funcionamiento como en su aplicación. Mucho de lo que discutiremos va en contra del conocimiento y la comprensión convencionales. Como se mencionó anteriormente, no puede haber experiencia sin la conciencia de la misma. El conocimiento y la comprensión convencionales, así como los no convencionales, solo existen porque hay conciencia de ellos. En lugar de preguntarte qué es verdad o mentira, reflexiona sobre cómo se está desarrollando tu vida. ¿Estás recibiendo todo lo que has pedido, o te falta claridad en cuanto a lo que estás pidiendo? En cualquier caso, lo desarrollaremos para ti.

Capítulo 1: El subconsciente y las ilusiones sobre la realidad

Para utilizar eficazmente la ley de la atracción, es útil tener una comprensión de la conciencia, la mente y cómo ambas crean la percepción de nuestras experiencias. La mayoría de nosotros tenemos una profunda identificación con nuestra mente y nuestro cuerpo. El modo en que nos experimentamos a nosotros mismos y al mundo que nos rodea está informado por nuestros pensamientos, nuestros cinco sentidos y nuestro cuerpo físico. Si estás tumbado en una playa de Hawái, puede que tengas un pensamiento: *esto es tan relajante que lo único que quiero hacer es disfrutar de esta gran playa*. Visualmente, puedes estar mirando las olas mientras suben por la playa, la arena blanca, la gente que te rodea y el cielo azul. Puede que sientas el calor del sol y la suavidad de la arena, y que oigas el rugido de las olas, las voces de otras personas y el graznido de las aves marinas. Incluso, quizás huelas la brisa marina fresca y salada o el olor del bronceador. Si eres como la mayoría de la gente, tomarás estas experiencias como reales, ya que te están sucediendo.

Vemos que las experiencias nos suceden porque nos vemos a nosotros mismos como algo separado del mundo que nos rodea. Esta sensación de separación hace que basemos nuestro sentido de la identidad en nuestras experiencias. Si la experiencia del mundo se ajusta a nuestras expectativas y deseos, nos sentimos bien con nosotros mismos. Si nuestras experiencias no son coherentes con nuestras expectativas, podemos sentirnos decepcionados y experimentar dudas sobre nosotros mismos. Desde esta perspectiva, nuestra experiencia de la vida da forma a nuestro sentido de la identidad. Pero, ¿y si esta perspectiva es inexacta? ¿Y si es al revés? ¿Podría ser que nosotros creamos nuestra experiencia?

La conciencia

La idea de que construimos nuestra experiencia se encuentra en muchas tradiciones orientales, como el hinduismo y el budismo. Una metáfora útil de la naturaleza de la conciencia, es la del sueño, ya que para la mayoría de nosotros, lo que experimentamos en el estado de vigilia se considera real, mientras que lo que experimentamos en nuestros sueños se considera irreal. En el hinduismo y el budismo, el sueño profundo es lo más real, mientras que el estado de vigilia es considerado como el estado de sueño.

Para entender mejor esto, primero tomemos en cuenta el estado de sueño profundo, el cual es un estado de conciencia pura, ya que está desprovisto de experiencia. Mientras estamos en el sueño profundo, no tenemos ningún sentido de nuestro ser personal, no hay pensamientos, ni hay ningún sentido de la experiencia.

Cuando estamos en sueño profundo, todo lo que conocemos o experimentamos se desvanece y nos observamos a nosotros mismos como un personaje dentro del sueño.

Tu personaje experimenta el mundo del sueño del mismo modo que te experimentas a ti mismo en la vida de vigilia. En el sueño, tu personaje se percibe a sí mismo teniendo pensamientos, sentimientos y realizando acciones. Además, tu personaje se ve a sí mismo como algo separado de los demás personajes del sueño, simplemente ve que la "vida" le ocurre a él.

Mientras ocurre el sueño, la experiencia de tu personaje parece muy real. Sin embargo, es solo una ilusión. El personaje del sueño no puede pensar, actuar o tener sentimientos. Todas estas cualidades son únicamente proyecciones de tu mente, la que está teniendo el sueño. Mientras sueñas, creas tu experiencia, que es el sueño, y te creas a ti mismo, el personaje del sueño. ¿Por qué no podría ocurrir lo mismo en nuestra vida de vigilia? ¿Podría nuestra vida de vigilia ser también un sueño? La verdad de quiénes somos, en el nivel más fundamental, tiene conciencia de nuestras funciones mentales, de nuestras funciones corporales, y de todas nuestras experiencias, incluyendo nuestros sueños, y el descanso profundo.

Por esas razones, muchas de las tradiciones orientales consideran que el sueño profundo es nuestro verdadero estado, mientras que el sueño y la vigilia son ilusorios. El mundo de las ilusiones está ausente en el sueño profundo, el cual es conciencia pura. La naturaleza esencial de lo que somos no es un cuerpo físico que tiene una mente. Nuestra naturaleza esencial es la conciencia, que se expresa como un cuerpo físico y una mente.

Debido a que la experiencia sobre nosotros mismos está tan estrechamente asociada con la mente y el cuerpo, hemos llegado a creer que somos la mente y el cuerpo. Esta identificación es tan fuerte que nuestra experiencia del mundo, y de nosotros mismos, se filtra a través de ellos. La sensación de ser un cuerpo físico origina la percepción de separación entre nosotros y el resto de la vida. Nuestra mente solo puede manejar información a nivel conceptual, lo que significa que todo lo que no tiene forma o es metafísico no se registra. Por ello, toda nuestra experiencia se percibe conceptualmente, es decir, la vemos, la tocamos, la oímos o la saboreamos. Todo lo que no puede ser percibido conceptualmente no es reconocido por la mente.

Un mundo de ilusiones

La física cuántica ha demostrado que el mundo de la materia física y la corporeidad es solo una ilusión, al igual que el átomo. La física newtoniana nos enseñó que toda forma está hecha de materia, que la materia es la unidad básica de la vida. La física cuántica ha desmontado esa creencia, que la materia es solo un mito. El átomo, que antes se consideraba como una masa sólida, ahora se sabe que carece de toda estructura física, y que es solamente una fluctuación de energía. Nuestra mente nos hace creer que somos entidades separadas de nosotros mismos que viven en un mundo lleno de otros seres y objetos físicos. La verdad es que, a nivel cuántico, no hay forma. Únicamente en el nivel de la mente existe un sentido de separación y fisicalidad.

Cualquier sensación de forma física, corporeidad o fisicalidad es una proyección de nuestra mente, al igual que nos proyectamos en nuestros sueños. En el nivel cuántico, nada más hay energía y potencial, no hay diferencia entre tú, este libro y el mueble en el que estás sentado. Lo que deseas atraer a tu vida ya existe, y es imposible que estés separado de lo que deseas.

Todas las formas de lo que experimentas en el mundo surgen de lo que no tiene forma, al igual que el personaje de tu sueño y su experiencia onírica surgen de tu conciencia mientras duermes. Para el propósito de este libro, nos referiremos a esta no-forma como conciencia. Oímos términos como conciencia, subconsciencia, yo superior y conciencia universal. No obstante, todos son la misma cosa, solamente que son calificados de manera diferente por nuestras mentes conceptuales. La relación entre los diferentes niveles de conciencia se puede ilustrar utilizando el océano como ejemplo. La luz del sol solo alcanza una cierta profundidad en el océano, después de la cual el mundo oceánico existe en una oscuridad perpetua. La parte superior del océano está iluminada, mientras que el nivel inferior reside en la oscuridad. Sin embargo, solo existe un océano. Del mismo modo, hay niveles de conciencia que están llenos de la luz de nuestra conciencia, mientras que los niveles restantes son desconocidos para nosotros. La mente consciente es el nivel que está iluminado por nuestra conciencia. El subconsciente es el nivel de conciencia al que la luz de nuestra conciencia aún no ha llegado.

Cada experiencia que hemos tenido en esta vida, o en vidas pasadas, se mantiene en el subconsciente, incluyendo aquellos recuerdos que no podemos o no queremos afrontar. Estas experiencias fueron empujadas desde nuestra mente consciente a nuestra mente subconsciente. Cuando tenemos una creencia o un sentimiento que amenaza nuestro sentido del yo, lo suprimimos en nuestro subconsciente. De este modo, el subconsciente actúa como guardia para mantener a salvo la mente consciente, y debido a su capacidad ilimitada de retener experiencias, es la fuerza motriz de todo lo que hacemos.

La energía

Ya hemos dicho que es imposible que estés separado de lo que deseas. Ahora hablaremos de ello con más detalle. Como todo lo que existe es solo energía, no existe la separación. Todo lo que has deseado, o desearás, ya existe dentro de tu vida en este momento. En el ámbito de la conciencia humana normal, vemos lo que deseamos como algo separado de nosotros, sentimos que necesitamos obtener lo que deseamos para sentirnos completos, la energía de nuestra vida baja a una frecuencia inferior, impidiendo que lo que deseamos entre en nuestra vida. Nada más atraemos lo que tiene una energía similar.

Las energías de la misma frecuencia se atraen, mientras que las energías de frecuencias diferentes se repelen. Para entender la ley de la atracción, necesitamos entender la calidad de la energía que estamos emitiendo y cómo cambiar su frecuencia. La ley de la atracción trata de la gestión de la frecuencia, y para entender esto, primero tenemos que comprender la naturaleza de los pensamientos y las emociones.

Los pensamientos

Todo existe como energía, y esa energía se expresa como fenómenos físicos, de los cuales los que más influyen en nuestras vidas son nuestros pensamientos y emociones. Nuestros pensamientos crean nuestras experiencias de la realidad.

El significado de cualquier experiencia que tengas es producto del pensamiento. Tus pensamientos determinan en qué te centras, cómo evalúas las cosas, las decisiones que tomas y las acciones que emprendes. También crean nuestra experiencia de la realidad a niveles aún más profundos. Podemos ilustrar esto con una rosa. Cuando miras una rosa, parece de color rojo. Sin embargo, es solamente una ilusión. La luz del sol parece incolora, pero en realidad está formada por diferentes longitudes de onda, las cuales consisten en luz de diferentes espectros: violeta, verde, azul, amarillo, naranja y rojo. La rosa es realmente incolora, y cuando la luz del sol brilla sobre ella, absorbe todos los espectros de luz, excepto el color rojo, ya que se refleja en la rosa y es detectado por tus ojos, dando a la rosa la apariencia de ser roja. Pero la ilusión del color es solo el principio de la ilusión de la mente.

La rosa que miras se encuentra en realidad dentro de tu mente, más que en el jardín. Cuando miras la rosa, o cualquier otro objeto, tus ojos reciben información. Esta información es recogida por la retina del ojo y convertida en impulsos eléctricos por el nervio óptico, el cual transmite los impulsos eléctricos al cerebro, que crea una imagen conceptual del ramo de rosas. Los demás sentidos, como el tacto y el olfato, procesan la información del mismo modo. Esta información también se transmite al cerebro en forma de impulsos eléctricos. El cerebro convierte esta información y la añade a la imagen que ha creado. En realidad, todas nuestras experiencias son una proyección de la mente, y es debido a que nos vemos como seres separados, que interpretamos estas proyecciones como un mundo físico que existe independientemente de nosotros.

Las emociones

Nuestras emociones son equivalentes al dispositivo GPS de un coche, ya que nos permiten saber si estamos viajando en la dirección correcta, que es la de nuestro hogar.

¿En qué consiste tu hogar? Tu hogar es alinearte con tu ser esencial y no físico, que es conciencia pura. Somos seres multidimensionales cuyo ser esencial es la conciencia, mientras que simultáneamente nos manifestamos como mente y cuerpo físico.

Anteriormente, explicamos que el sueño profundo comparte las mismas cualidades de la conciencia pura, que incluye la falta de pensamiento o experiencia. Para que la conciencia se expanda, necesita información, que llega en forma de experiencias, con el propósito de que nuestro ser esencial se manifieste como nuestro ser físico, y requiere una mente y un cuerpo físico para tener esta experiencia.

Tener una mente y un cuerpo físico crea la creencia de que somos seres individuales y autónomos, lo cual es necesario para generar una sensación de separación del mundo que nos rodea, y es esta sensación de separación la que crea la experiencia, que conduce a la expansión tanto de ti como conciencia pura, como de un ser manifestado.

Tus emociones son la forma que tiene el universo de informarte si estás o no alineado con tu ser esencial. Cuando estamos alineados con nuestro aspecto esencial, experimentamos lo que hemos llegado a llamar "emociones positivas", pero cuando perdemos nuestro alineamiento, entonces experimentamos "emociones negativas". Siempre que sientas amor, aprecio, gratitud, compasión, felicidad o perdón, estarás alineado. Cada vez que sientas miedo, ansiedad, ira, envidia, celos, avaricia o una sensación de carencia, estarás fuera de la alineación.

Las emociones generan un flujo continuo de baja frecuencia a alta frecuencia. En el extremo inferior del continuo está la emoción de la impotencia. Cuando experimentamos esta emoción, nos sentimos como víctimas, impotentes para cambiar nuestra situación. Las emociones asociadas a esto son la desesperación, la pena, la tristeza y el arrepentimiento. En el extremo inferior de la escala está el miedo, el cual es una frecuencia más alta que la emoción de la impotencia porque puede llevarnos a actuar. La emoción de la ira es una frecuencia más alta que el miedo, ya que la ira está más orientada a la acción. Por encima de la ira se encuentran emociones como la preocupación, la duda y la decepción. En el medio del continuo se encuentran la satisfacción y la esperanza. Más arriba en la escala se encuentran el entusiasmo y el optimismo. En el extremo superior están las emociones de gratitud, alegría y empoderamiento. Las frecuencias más altas son las del aprecio y el amor.

La emoción del agradecimiento es de la misma frecuencia que el amor, lo que es una suerte para nosotros, ya que muchos encontramos que el aprecio es una emoción más fácil de cultivar que el amor, especialmente el amor a uno mismo. Antes de seguir adelante, es importante señalar que la gratitud, que es una emoción positiva, es de una frecuencia más baja que la apreciación por lo que es una emoción menos eficaz para manifestarse. La razón es que la emoción de la gratitud es condicional, mientras que la apreciación es no condicional. Normalmente, estamos agradecidos por haber recibido algo; puedo estar agradecida por mis amigos y por lo que obtengo al tenerlos en mi vida, puedo estar agradecida por mi salud y por lo que la salud me permite hacer con mi vida. La apreciación es incondicional en el sentido de que puedo apreciar algo sin obtener nada de ello. Puedo apreciar la bondad de otras personas por cómo ayudan a los demás. Puedo apreciar una hermosa puesta de sol por su pura belleza, y puedo apreciar la dedicación que un artista o artesano da a su creación.

Nuestras emociones reflejan nuestros pensamientos. Puede que no siempre seamos conscientes de ellos, especialmente de aquellos que son subconscientes. Sin embargo, sabemos de su presencia en nosotros por las emociones que experimentamos. Si tienes emociones negativas, entonces en algún nivel de tu ser, estás teniendo pensamientos negativos, y a la inversa, si tienes emociones positivas, estás experimentando pensamientos positivos.

Al comprender que nuestras emociones son tanto un espejo de nuestros pensamientos como un GPS de nuestro ser esencial, podemos utilizarlas para convertirnos en creadores conscientes a través de la ley de la atracción. La clave para convertirte en un creador consciente es ser consciente tanto de tus emociones como de tu intención.

A continuación, un resumen de lo que hemos discutido hasta ahora:

- Somos seres multidimensionales, cuya naturaleza esencial es no-física, no-local, y pura conciencia, mientras que simultáneamente aparecemos como un ser físico.
- En nuestra naturaleza más esencial, sólo hay unidad, sin ningún sentido de separación o distinción. En nuestro nivel manifestado, experimentamos la separación, y

experimentar la separación nos permite experimentar el contraste.
- La experiencia del contraste sirve a nuestra expansión en el nivel manifestado y en nuestro nivel esencial, que es la conciencia.
- Nuestras emociones son el equivalente a un GPS que nos informa del alineamiento de nuestro ser manifestado con nuestro ser no físico.
- La conciencia de nuestras emociones y nuestra intención nos permite convertirnos en creadores conscientes.

El poder de atracción de las emociones

Como se dijo anteriormente, todo lo que existe está compuesto de energía y esa energía puede tomar la forma de diferentes longitudes de onda o frecuencias. Cuando dos cosas comparten la misma frecuencia, se atraerán mutuamente. Del mismo modo, cuando dos cosas tienen frecuencias diferentes, se repelen. Nuestros pensamientos atraerán a nuestras vidas aquellas cosas que tengan la misma frecuencia. La mayoría de nosotros tiene dificultades para discernir la calidad de los pensamientos que estamos teniendo debido a la falta de conciencia, especialmente en el nivel subconsciente. Lo que nos permite superar este reto son nuestras emociones, ya que son un indicador del tipo de pensamientos que estamos experimentando, por lo tanto, nos informan de la frecuencia en la que nos encontramos en un momento dado. Al elevar nuestras emociones, podemos elevar nuestra frecuencia. Para llegar a ser un manifestante consciente, necesitamos entender nuestros patrones de pensamiento tanto a nivel subconsciente como consciente. Ser emocionalmente consciente hace esto posible.

Nuestro desafío es que la mayoría de nosotros renunciamos al control de nuestras emociones a una edad temprana. Hemos aprendido a atribuir las emociones que experimentamos a condiciones externas, y hemos sido condicionados a creer que otras personas, eventos, situaciones o nuestras circunstancias, crean nuestra experiencia emocional. Por lo tanto, para cambiar nuestras emociones, tenemos que cambiar el mundo que nos rodea.

Como la esencia de lo que somos es energía y conciencia, nuestras emociones son creadas por nosotros mismos. No hay nada que puedas experimentar que te haga sentir de una manera determinada. De hecho, proyectamos nuestras emociones en nuestra experiencia y luego creemos que es nuestra experiencia la que nos hace sentir como lo hacemos. Un ejemplo sería que estuvieras conduciendo y el conductor del carril de al lado te cortara el paso al incorporarse a tu carril. Puede que sientas que el otro conductor te ha hecho sentirte enfadado, cuando en realidad la ira forma parte de tu estructura, el otro conductor fue únicamente un estímulo que provocó el surgimiento de la ira en tu interior. Si la ira fuera realmente causada por el otro conductor, entonces todos los conductores a los que se les ha cortado el paso se enfadarían, lo cual no es el caso. Basándote en este escenario, has proyectado la ira en tu experiencia con el otro conductor.

Al creer que otras personas, circunstancias y eventos son la causa de cómo nos sentimos, hemos renunciado a nuestro poder como seres espirituales y hemos permitido que nuestro entorno dicte cómo nos sentimos. Esta cesión de poder, junto con nuestra socialización, nos lleva a creer en la escasez de aquellos recursos que creemos que necesitamos para ser felices.

La forma en que fuimos criados, las creencias de nuestra cultura, los anuncios, la política e incluso la religión, a menudo se aprovechan de nuestro miedo subconsciente a la escasez.

El miedo a la escasez nos lleva a basar nuestro sentido de la identidad y la autoestima en lo bien que cumplimos con la imagen social del éxito. Cuando sentimos que no estamos a la altura de estos estándares artificiales de éxito, a menudo nos enfrentamos a ellos de formas que se convierten en patrones habituales, y como tenemos estos patrones tan arraigados a nuestro ser, somos inconscientes de ellos y se convierten en parte de la imagen interna que tenemos de nosotros mismos. Algunos ejemplos de estos patrones son la arrogancia, la codicia, la desconfianza, la envidia, la competitividad, los comportamientos de riesgo, los comportamientos de búsqueda de atención, los comportamientos adictivos, la baja autoestima, la introversión y la extroversión. Incorporamos estos patrones a nuestra imagen de nosotros mismos para evitar sentirnos mal por no cumplir las expectativas que nos hemos creído.

Por ejemplo, tanto una persona arrogante como una persona con baja autoestima sufren la creencia de que no cumplen las expectativas de los demás. La única diferencia entre estas dos personas es cómo han afrontado el miedo a ser inadecuadas. La persona arrogante ha adoptado la creencia de que es mejor que los demás, mientras que la persona con baja autoestima ha adoptado este personaje que le impide desafiarse a sí misma y posiblemente fracasar. En algún nivel de nuestro ser, cada uno de nosotros se aferra a una falsa imagen de sí mismo que pensamos que nos protegerá de ser vistos como insuficientes o no lo suficientemente buenos.

Las mentiras que nos decimos a nosotros mismos, los miedos de los que nos escondemos, y las esperanzas y sueños que tenemos para nuestro futuro, están siendo transmitidos a la conciencia mayor, también conocida como el universo. Las frecuencias que transmitimos al universo volverán a nosotros de la misma manera, por lo tanto, somos como la persona que va al restaurante mágico que no tiene claro qué pedir. Al igual que este cliente, se nos servirá lo que esperamos, lo que no nos interesa y lo que nos da asco. En los siguientes capítulos, hablaremos de cómo ser el primer cliente del restaurante mágico y conseguir lo que realmente quieres.

La mentalidad de la ley de la atracción

La calidad de tus pensamientos y emociones atraerá a tu vida lo que es de igual calidad. La principal razón por la que la gente obtiene resultados decepcionantes con la ley de la atracción es debido a la falta de conciencia sobre las creencias subconscientes.

Las creencias subconscientes generan una frecuencia que se convierte en una fuerza contraria a la hora de atraer lo que se desea. Una persona puede tener un deseo consciente de atraer más dinero, pero subconscientemente tiene la creencia de que no se lo merece o que su situación nunca cambiará. Como no somos conscientes de nuestras creencias subconscientes, estas tienen un poder mayor que nuestras creencias conscientes.

Para sacar a la luz nuestras creencias subconscientes, tenemos que renunciar a nuestra resistencia a ellas, ya que es esta misma, la que las hace subconscientes. Volviendo al ejemplo de la persona que quiere atraer dinero, es su creencia subconsciente de que no se lo merece la que atraerá aquellas condiciones que coincidan con esa creencia. En lugar de atraer más dinero, atraerán situaciones y eventos que crean luchas financieras.

La mentalidad de la ley de la atracción es la de la no resistencia, y opera basada en nuestro enfoque e intención. Aquello a lo que nos resistimos recibirá la mayor parte de nuestro enfoque. Afortunadamente, hay ejercicios que podemos hacer para reducir nuestra resistencia y revelar nuestras creencias subconscientes, o sentimientos para que podamos recuperar la alineación con nuestro ser esencial.

Capítulo 2: Cómo eliminar la resistencia

El aumento de nuestra frecuencia requiere la eliminación de la resistencia, y para lograrlo es necesario que tomemos conciencia de las creencias que nos están limitando. Hay dos formas principales de eliminar la resistencia, la primera es el cultivo del amor y el aprecio, y la segunda forma es aumentar la conciencia de los fenómenos psicológicos de la mente.

El amor y el aprecio

Las referencias frecuentes al amor como la fuerza más poderosa del universo, o que el amor lo conquista todo, van más allá de ser un discurso poético o espiritual, ¡son una realidad! El poder del amor derrite a la resistencia. Cuando experimentamos amor por cualquier cosa, abandonamos el sentido de resistencia hacia nosotros mismos o hacia aquello por lo que experimentamos amor.

Sentir el amor es experimentar la unidad con nuestro amado. Como el amor elimina la resistencia, todos los bloqueos se eliminan del proceso de manifestación. El desafío para muchos de nosotros es nuestra capacidad de cultivar un sentido de amor, especialmente por nosotros mismos. El amor a uno mismo es el último logro espiritual, ya que es el estado óptimo para la manifestación, así como proporcionar a los demás la oportunidad de vislumbrar su propia divinidad.

En muchos sentidos, el amor propio es el equivalente a la iluminación, puesto que alcanzar el amor propio es hacer que los aspectos más oscuros de nuestra naturaleza pierdan su poder, lo que libera una enorme cantidad de energía que puede utilizarse en el proceso de manifestación. Cuando alcanzamos el amor propio, la ley de la atracción adquiere un lugar paradójico en nuestras vidas, y nos convertimos en maestros de la manifestación debido a la falta de resistencia. Sin embargo, desde que lo experimentamos, hay poca necesidad de manifestar nada dado que ya no hay sensación de querer. El amor propio nos hace sentir completos o enteros. Es por esta razón que el aprendizaje de cómo usar efectivamente la ley de la atracción debe ser visto menos como una forma de obtener lo que deseamos y más como un peldaño para aprender la verdad de lo que somos. De esta manera, la ley de la atracción es, en última instancia, una práctica de autodescubrimiento.

El amor propio

Uno de los retos para desarrollar el amor propio es que lo asociamos con el egoísmo o el narcisismo, pero hay una gran diferencia entre ellos.

El egoísmo surge de un sistema de creencias basado en el miedo. Las personas egoístas no se sienten en control de sus vidas y ven el mundo a través de la lente de la escasez. Para ellos, no hay suficiente amor, dinero, o recursos para todos. Como sienten que no tienen el control de sus vidas y que solo hay una cantidad limitada de recursos disponibles, ven a todos los que les rodean como competidores. Ceder algo a otro es visto como una amenaza para satisfacer sus necesidades.

Mientras que la persona egoísta siente que su vida está fuera de control, el narcisista tiene un sistema de creencias que le lleva a una sensación de grandiosidad. Las personas narcisistas son incapaces de empatizar con los demás y tienen una necesidad de admiración.

El amor propio es el polo opuesto al egoísmo y al narcisismo, ya que se basa en la comprensión de que cada uno de nosotros está íntimamente conectado con el universo y que somos interdependientes unos de otros. Es en nuestra propia expansión personal donde nos convertimos en un espejo para los demás, para su propia expansión. No obstante, nuestra propia expansión personal solo puede venir de honrarnos a nosotros mismos. El amor propio es como encender una vela, que sirve para encender todas las demás velas de un candelabro. A continuación, presentamos comentarios y ejercicios para generar amor propio y aprecio.

Los valores

Al cultivar el amor propio, es esencial que hayamos aprendido a vivir según nuestros valores. Cada vez que vivimos de manera inconsistente con nuestros valores, creamos una gran resistencia en nuestras vidas.

Si tu vida no está alineada con tus valores, comienza el proceso de hacer cambios en tu día a día, para que puedas empezar a producir una mayor alineación. Si actualmente tienes un trabajo que entra en conflicto con tus valores, ¿qué puedes hacer para generar los cambios necesarios en tu trabajo? ¿Podrías realizar tu trabajo de forma diferente? ¿Requeriría que asumieras un puesto diferente? Tal vez signifique encontrar un nuevo trabajo. Si la relación que mantienes no se alinea con tus valores, ¿qué cambios necesitas hacer? ¿Necesitas transformar tu relación o encontrar una nueva? Ten en cuenta cualquier aspecto de tu vida en el que experimentes una brecha entre la forma en que vives tu vida y los valores que tienes.

¿De quién es la vida?

Ser un manifestante de éxito requiere integridad personal. Mientras que tus emociones son un espejo de tus pensamientos, tus sentimientos son tu conexión con la inteligencia universal. Aunque tus emociones son un GPS a la conciencia mayor, siguen basándose en los pensamientos, que pueden cambiar rápidamente. Dado que nuestros sentimientos están directamente conectados con la inteligencia universal, son más precisos que nuestras emociones.

Cada vez que comprometemos lo que sentimos para satisfacer las expectativas de los demás, perdemos nuestra alineación. Honrar tus sentimientos es una de las mayores prácticas de amor propio, ya que son solo tuyos y actúan como tu único GPS, nadie más tiene el mismo GPS que tú. El mejor regalo que puedes hacerle a tus seres queridos es convertirte en un ejemplo vivo de amor propio, para que ellos puedan aprender a amarse a sí mismos. El siguiente ejercicio te ayudará a ampliar tu conciencia de honrar tus sentimientos.

Entra en un estado de meditación y haz la intención de desarrollar la conciencia de atraparte a ti mismo cuando vayas en contra de tus sentimientos. A lo largo del día, fíjate en cada vez que vayas en contra de lo que sientes. Cada vez que experimentes una sensación de malestar, es una señal de que estás pensando o realizando acciones que van en contra de tus sentimientos.

Algunos ejemplos son:

- Acceder a unirte a otros en una actividad cuando realmente preferirías estar solo.
- Sentir que quieres hacer algo, pero racionalizar que tienes cosas más importantes que hacer.
- Sentir que quieres relajarte y no hacer nada, mientras te dices a ti mismo que hacerlo sería irresponsable.
- Seguir el ejemplo de los demás aunque no te sientas bien con ello, un ejemplo de ello sería la presión social que pueden ejercer los compañeros.
- Hacer las cosas siempre de la misma manera, solo porque te han enseñado o te han educado para creer que es la forma en que se debe hacer.

Después de completar este ejercicio, programa un día que puedas dedicarte a ti mismo. Durante este día, solo vas a hacer aquellas cosas que sean coherentes con cómo te sientes. La mayoría de las personas tienen dificultades con este ejercicio, ya que va en contra de la forma en la que fuimos educados. Si este es el caso, es posible que quieras comprometerte con unas pocas horas en lugar de un día entero. A medida que te sientas más cómodo con este ejercicio, amplía el plazo hasta que puedas dedicarle todo el día.

Otro reto que experimentan las personas con este ejercicio es que hay cosas que no quieren hacer, pero tienen que hacerlo. Este ejercicio no consiste en evitar la realidad o las responsabilidades diarias, sino en aprender a cambiar nuestra perspectiva.

Si te encuentras con una situación en la que no te apetece hacer algo, pero hay que hacerlo, haz una de las siguientes cosas:

1. Piensa en los beneficios de hacer la tarea y en las consecuencias de no hacerla. Si los beneficios de realizar la tarea son mayores que las consecuencias de no hacerla, deberías sentir menos resistencia a realizarla.
2. Piensa en cómo podrías cambiar tu enfoque para ejecutar las tareas de manera que se hagan más agradables para ti, por ejemplo: si tienes que hacer tus impuestos, pon tu música favorita o invita a un amigo para que puedan hacerlo juntos.

Si ninguna de las sugerencias anteriores cambia la forma en que te sientes con respecto a la tarea, aplázala hasta que llegues al punto en que puedas hacerla con aceptación.

El principio que subyace a las tres últimas sugerencias, es la eliminación de la resistencia. De hecho, estas sugerencias no tienen nada que ver con la tarea, sino que son formas de modificar tu percepción de la misma. La clave para aprender a cultivar el amor propio, y convertirte en un manifestante consciente, es aprender a modificar tus percepciones de manera que ya no luches contra ti mismo. El amor propio implica vivir tu vida en base a la forma en que quieres vivirla, en lugar de vivir según las expectativas o juicios de los demás.

La apreciación

Como hemos indicado anteriormente, a muchas personas les cuesta experimentar el amor propio, por lo que cultivar el aprecio es una forma eficaz de superar este obstáculo y obtener los mismos resultados. Para cultivar el aprecio, realiza los siguientes ejercicios en la secuencia que se indica a continuación:

Una última nota importante: es importante que confíes en las respuestas que recibas al hacer estas preguntas. Confía en la primera respuesta que te llegue y no te preocupes por dar una respuesta equivocada.

Ejercicio 1:

Piensa en alguien o en algo que amas, y durante este proceso, piensa en todas las formas en las que lo aprecias. Permítete experimentar plenamente tus sentimientos. Experimenta el amor, la alegría u otras energías que surgen. Siente estas energías en tu cuerpo, y a medida que lo hagas, intensifica tu sentimiento empleando tus otros sentidos, como el tacto, el oído, el olfato y el gusto. Para ello, añade estas otras dimensiones sensoriales a la representación mental del tema.

Por ejemplo: si estoy pensando en mi cónyuge, no solo me imagino su apariencia física, también me imagino su tacto, oigo su voz, el olor de su colonia y el sabor de su beso. Al involucrar los otros sentidos, los sentimientos de aprecio se grabarán más profundamente en tu memoria.

Ejercicio 2:

Para este ejercicio, vas a centrarte en una persona o cosa por la que tengas sentimientos neutros, por ejemplo, podría ser la persona de la caja registradora donde haces la compra, de la que no tienes ningún interés. También podría ser un objeto, como un árbol o un mueble, por el que no tienes ningún interés. Piensa en lo que puedes apreciar de ese objeto. Al igual que antes, permítete experimentar plenamente los sentimientos e intenta intensificarlos utilizando tus otros sentidos.

Ejercicio 3:

Este ejercicio consiste en que elijas un tema que te moleste o irrite a un nivel moderado. Piensa en esa persona que te agrava o en el animal u objeto que te frustra. Concéntrate en los comportamientos o cualidades que posee ese sujeto y que puedes apreciar. Como en los ejercicios anteriores, permítete experimentar plenamente los sentimientos e intenta intensificarlos.

Ejercicio 4:

Cuando hayas tenido éxito en los ejercicios anteriores, estarás listo para realizar este nuevo ejercicio, el cual debes llevarlo a cabo durante tus actividades diarias. Cada vez que tengas la oportunidad, tómate el tiempo para encontrar algo que puedas apreciar. Al igual que en los ejercicios anteriores, permítete experimentar plenamente los sentimientos e intenta intensificarlos.

Ejercicio 5 (opcional):

Cuando sientas que has tenido éxito al completar el Ejercicio 4, estarás listo para la verdadera prueba. Piensa en alguien a quien odies, e intenta encontrar algo de esa persona que puedas apreciar. Tu apreciación tiene menos que ver con ellos y más con hacerte cargo de tu propio nivel de energía. Al ser capaz de generar aprecio por cualquier cualidad que tenga esa persona, puedes eliminar tu resistencia.

La meditación

El propósito de la meditación es redirigir tu atención del mundo exterior hacia tu mundo interior, ya que uno es el espejo del otro, es decir, tu mundo exterior es un reflejo o una proyección de tu mundo interior, y sólo cuando comprendes tu interior puedes ir más allá de las ilusiones de tu mente. Cuando puedas obtener claridad interna, estarás mejor preparado para utilizar la ley de la atracción con mayor precisión. La meditación nos permite llevar el poder de la conciencia a todos los fenómenos mentales, incluidos aquellos a los que nos resistimos. El poder de la conciencia por sí solo nos permite experimentar nuestra mente de una manera que es armoniosa, en lugar de adversa.

Existen algunos puntos clave que debes tener en cuenta cuando aprendes a meditar:

- Mantén una actitud de total aceptación y no juzgues todo lo que experimentas.
- No intentes controlar, cambiar o resistirte a nada de lo que experimentas.
- Permite que todo lo que experimentas tenga total libertad para expresarse.

Al meditar, puedes tener pensamientos como:

- Mis pensamientos siguen viniendo, no están disminuyendo.
- Esto es demasiado difícil.
- Esto es aburrido.
- Tengo cosas más importantes que hacer.
- Esto no funciona.
- ¿Estoy haciéndolo bien?

Ignora estos pensamientos y sigue concentrándote en la meditación.

Por último, no hay una forma correcta o incorrecta de meditar, siempre y cuando te permitas ser testigo de todas tus experiencias. Ningún pensamiento o experiencia puede afectarte mientras no le prestes atención. Es tu atención a los fenómenos dentro de tu mente lo que les da su poder. Ningún pensamiento o sensación posee inherentemente su propio poder, ya que su poder se deriva de tu atención. Pasa de prestar atención a los pensamientos a ser simplemente un testigo silencioso de ellos.

Siéntate en una posición cómoda, cierra los ojos y respira normalmente.

Pon tu atención en tu respiración, concentrándote en las sensaciones de que entran y salen de tu cuerpo.

Mientras te concentras en tu respiración, experimentarás la aparición de pensamientos. Cuando aparezcan, simplemente ignóralos y vuelve a centrar tu atención en la respiración.

Si mantienes tu atención en tu respiración, llegará el momento en que puedas ser consciente de ella sin ningún esfuerzo, y cuando llegues a este punto, permítete ser el testigo de todo lo que aparece en tu conciencia.

Observa cómo los pensamientos, las sensaciones y las percepciones aparecen en tu conciencia y luego se desvanecen. Estos fenómenos mentales aparecen y desaparecen en la misma, pero, tú, como observador de ellos, permaneces constante.

Los fenómenos mentales que experimentas tendrán las cualidades de ser positivos, neutros o negativos en cuanto a cómo te hacen sentir, pero la conciencia misma no se ve afectada por ninguna de estas cualidades.

A medida que le des menos importancia a la experiencia de los fenómenos mentales, estos perderán su energía, y tu mente se calmará, e incluso podrás experimentar períodos de quietud y espacio. Si lo haces, debes saber que esto también es un tipo de fenómeno mental. No te apegues a esta experiencia, más bien, permanece como testigo de ella, ya que vendrá y se irá, y esto está bien. Disfruta de la experiencia mientras dure, puesto que también volverá a tu conciencia cuando se den las condiciones adecuadas.

La experiencia de la quietud y el espacio indica que has renunciado a tu apego a los fenómenos mentales, por lo tanto, también has renunciado a tu resistencia a ellos, y este es el terreno fértil para la manifestación. Libera tus intenciones y luego olvídate de ellas.

Continúa meditando durante todo el tiempo que desees.

Practicando esta meditación con regularidad, descubrirás que tu discernimiento de los fenómenos mentales será mayor, así como tu capacidad para permanecer quieto y observarlos en silencio.

El significado de esto es que gradualmente perderás tu sentido de resistencia, debido a esto, los fenómenos mentales perderán su fuerza para competir con tu mente consciente al tratar de atraer lo que deseas.

Al no apegarte a tus intenciones, no te verás envuelto en dudas cuando tu manifestación no corresponda a tus expectativas. Son nuestras expectativas de cómo y cuándo deben aparecer nuestras manifestaciones las que nos llevan a dudar, por lo tanto, a crear resistencia. Aprende a liberar tus intenciones y luego olvídate de ellas, simplemente sigue con tu vida diaria.

Sumérgete en tus emociones

Otra técnica para reducir la resistencia a tus pensamientos y sentimientos subconscientes es sumergirte en ellos en lugar de mantenerlos reprimidos. Para llevar a cabo este ejercicio, haz lo siguiente:

Enfócate en un pensamiento actual que tengas y que te moleste, por ejemplo: "no sé si podré pagar mis facturas este mes".

A continuación, pregúntate a ti mismo: "¿cómo me siento con eso?". Mi respuesta al ejemplo anterior sería: "me siento preocupada".

Los pasos restantes de este ejercicio requieren que te centres solo en los sentimientos que experimentas, en lugar de pensar en ello. Por esta razón, debes formular repetidamente tus preguntas "¿cómo me siento con eso?". Cada vez que se te ocurra una respuesta, vas a profundizar repitiendo esta pregunta.

Siguiendo con mi ejemplo, me preguntaría "¿qué siento al estar preocupada?". Luego me centraría en las sensaciones de mi cuerpo, sumergiéndome completamente en ellas. Mi respuesta podría ser: "estar preocupada me hace sentir constreñida y pesada".

Luego continuaría con el interrogatorio preguntando: "¿qué siento al estar constreñida y pesada?". Entonces me sumergiría en los sentimientos de constricción y pesadez hasta que me viniera a la mente una respuesta, como por ejemplo "al sentirme constreñida y pesada es como si tuviera un gran peso encima".

Seguiría profundizando en mi respuesta preguntándome: "¿cómo se siente un peso enorme?". A continuación, volvería a sumergirme en los sentimientos hasta obtener una respuesta, como por ejemplo "se siente como si me arrastraran al suelo".

Continuaba con mis preguntas hasta que empezaba a experimentar sensaciones neutras o positivas.

Cuando llegas a este punto, has transformado tus emociones negativas.

Este ejercicio te permite transformar tus sentimientos hasta que dejen de atraer la negatividad a tu vida.

Amate a ti mismo

El siguiente ejercicio es el que la gente suele encontrar más difícil. Debido a nuestro condicionamiento, la mayoría de nosotros hemos aprendido a creer que no somos dignos de ser amados o que tenemos algún tipo de defecto. Esta creencia proviene del resultado de haber sido socializados para creer que nuestra autoestima depende de la aprobación de los demás. El siguiente ejercicio te permitirá reacondicionarte para experimentar el amor propio. El que puede liberar la resistencia hacia sí mismo, es el que puede manifestarse sin esfuerzo.

Frente a un espejo, mírate profundamente a los ojos y habla contigo mismo en voz alta, diciendo "te amo" y usando tu nombre.

Intenta sentir amor por ti mismo. Si puedes experimentar los sentimientos de amor, permítete experimentarlos lo más plenamente posible, pero si no puedes sentirlos, no los fuerces. Simplemente, mantente consciente de cualquier sentimiento que surja sin juzgarlo.

Continúa mirándote a los ojos, mientras repites "te quiero" a ti mismo por tu nombre. Mientras te diriges a ti mismo de esta manera, pon tu atención en cualquier emoción de aprecio, aprobación o gratitud que puedas experimentar.

Puedes aprovechar estas emociones si recuerdas cosas que has hecho y por las que te sientes bien. Incorpora todos estos recuerdos en la forma de dirigirte a ti mismo, por ejemplo: "te quiero (incluye tu nombre) por cómo has hecho...".

Concéntrate en los sentimientos de amor o agradecimiento que experimentas al hacer este ejercicio, intentando intensificar los sentimientos.

Intenta hacer este ejercicio todas las mañanas y todas las noches, dedicando cinco minutos a cada ejercicio. Realiza este ejercicio diariamente hasta que empieces a experimentar sentimientos de amor o aprecio por ti mismo.

A continuación, presentamos otros métodos para superar la resistencia:

Escribe un diario

Hay un poder en la escritura que nos permite acceder al subconsciente. Es la razón por la que los poetas, los músicos y los escritores pueden expresarse con mayor plenitud que si se limitan a pensar en ello. La mayoría de los escritores te dirán que, cuando escriben, no son ellos los que tienen las ideas. Más bien, se ven a sí mismos como un instrumento que canaliza una inteligencia mayor. Aprende a llevar un diario, escribe lo que se te ocurra, y sigue escribiendo hasta que te sientas satisfecho emocionalmente.

Las visualizaciones

Visualizar es estupendo para acceder al subconsciente e influir en él. No obstante, existen aspectos del proceso de visualización que a menudo se malinterpretan. Los siguientes son algunos puntos clave a tener en cuenta al visualizar:

- Hay una gran cantidad de programas de visualización disponibles en el mercado, y pueden ser útiles si nunca has visualizado antes. Sin embargo, las visualizaciones más eficaces se producen cuando las creas tú mismo. Una vez que entiendas el proceso, aprende a confiar en tu imaginación y déjate llevar.
- Muchas personas se sienten incapaces de visualizar, ya que no pueden desarrollar imágenes claras en su mente. No te preocupes por la calidad de tus imágenes. Sea como sea que experimentes tus visualizaciones, confía en ellas. Algunas personas son incapaces de ver imágenes, sino que experimentan sensaciones. Con la práctica continuada, tus visualizaciones serán más vívidas.

Antes de visualizar, es útil que te formules una intención. Algunos ejemplos de intenciones serían:

- Visualiza tus deseos ya manifestados.
- Visualízate a ti mismo explorando aquello a lo que te resistes.
- Visualízate a ti mismo asumiendo un nuevo reto como una forma de ensayo mental.
- Visualízate a ti mismo resolviendo un problema.

Las afirmaciones

Las afirmaciones pueden ser útiles a la hora de manifestar, pero deben tener una base emocional para ser efectivas. El error que comete la mayoría de la gente al usarlas, es que simplemente se repiten la afirmación a sí mismos, lo cual tiene poco poder. Para que las afirmaciones sean efectivas deben ir acompañadas de la generación de intensidad emocional. Como hemos dicho anteriormente, las emociones reflejan tu estado de vida.

Los ejercicios que acabamos de comentar en este capítulo se basan en el condicionamiento. Al asociar las emociones de aprecio, amor o aceptación con nuestro estado mental, podemos experimentar estas emociones simplemente entrando en el estado. Cuando esto ocurre, no tenemos que meditar, visualizar o concentrarnos en el agradecimiento. Solamente con entrar en el estado adecuado, estas emociones surgirán en nosotros automáticamente. ¿De qué se trata el estado del que hablo? Es el estado que experimentas cuando tomas la decisión de meditar o hacer cualquiera de estos ejercicios, para ello, primero tienes que hacer que formen parte de tu rutina diaria. Con el tiempo, la meditación o estos ejercicios se convertirán en un hábito para ti. Es entonces cuando el simple pensamiento de realizar estas actividades, te llevará a experimentar las poderosas emociones de las que hablamos en este capítulo.

Capítulo 3: La combinación del poder de la emoción y la intención

Piensa en cómo un teléfono móvil recibe una señal de un transmisor, y el transmisor es la metáfora de la fuente de la que surgen todas las cosas, comúnmente denominada conciencia universal, el ser superior, el universo o el campo cuántico. La fuerza de la señal de un teléfono móvil determinará la claridad con la que puedes oír a la otra persona, así como la claridad con la que ella puede oírte a ti. La ley de la atracción funciona de la misma manera, la fuerza de tu señal al universo, así como tu habilidad para recibir su señal, depende de la intención y la emoción, las cuales son las señales que te conectan con la parte de ti que es universal y atemporal. A continuación, hablaremos de cómo estos dos componentes conforman la señal que está detrás de toda la creación.

La intención

Las intenciones detrás de tus deseos son críticas en el proceso de atracción, ya que determinan si estás transmitiendo desde el ego o desde el amor. Como se habló anteriormente, el amor tiene la frecuencia más alta mientras que el miedo tiene la más baja, y que también que atraemos lo que coincide con la frecuencia de nuestra vida.

Cuando las intenciones para atraer algo a nuestra vida se basan en el interés propio, automáticamente debilitamos nuestra señal.

La razón de esto es que las intenciones de interés propio están basadas en el miedo. Por el contrario, cuando nuestras intenciones son para el bienestar de los demás, nuestra frecuencia opera desde el nivel del amor. Como el amor es la frecuencia más alta, tendremos más probabilidades de atraer lo que deseamos. Por ejemplo, mi intención puede ser atraer más dinero a mi vida. Si mi intención se debe a la creencia de que soy inadecuado como persona, a causa del dinero, estaré operando desde el miedo. El miedo será la frecuencia dominante, y atraerá a las personas y situaciones que refuerzan esa perspectiva.

Si, por el contrario, mis intenciones son atraer dinero porque al hacerlo me permitiría cuidar de mi familia, o aliviar la carga de otra persona, entonces esa intención proviene del lugar del amor.

Como el amor tiene la frecuencia más alta, la probabilidad de que lo atraiga aumenta enormemente.

Las emociones

Como mencionamos anteriormente, tus emociones son un espejo de tus pensamientos dominantes, tanto a nivel consciente como inconsciente, por lo que, en lugar de centrarte en ellos para atraer tus deseos, céntrate en las emociones que asocias con aquello que intentas atraer. La mejor manera de hacerlo es a través de la meditación. Cuando tu mente esté en calma, concéntrate en lo que sentirías si tu deseo ya se hubiera manifestado en tu vida. Permítete sentir las emociones e intensifica los sentimientos que experimentas pensando en todos los beneficios que recibirías si tus deseos se manifestaran en este momento. Medita al menos dos veces al día, cada vez recreando estas emociones al imaginar que tus deseos ya se han manifestado. Tus sesiones de meditación deben durar solo la cantidad de tiempo que te resulte agradable. Continúa con ellas hasta que se manifieste lo que deseas.

Cómo afectan tus intenciones a la conciencia

La forma en que las intenciones afectan a la realidad puede entenderse utilizando la metáfora de un videojuego, en el que tienes un avatar que navega por su mundo durante la travesía. Cuando los ingenieros diseñaron el juego, pensaron en todas las situaciones potenciales que podría encontrar tu avatar y las programaron dentro de esta atracción virtual. La situación potencial que aparece en el juego está determinada por las acciones que realiza tu avatar.

La conciencia mayor es como el ingeniero, mientras que tu manifestación física es como el avatar. Tus intenciones afectan a la probabilidad de que las situaciones potenciales se manifiesten en tu vida. A diferencia del videojuego, que está limitado en las respuestas potenciales que se pueden programar en él, la conciencia mayor se expresa como un potencial infinito. El potencial que se expresa está determinado por la probabilidad, pero tus intenciones pueden afectar a la probabilidad. El efecto de la intención sobre la probabilidad puede ilustrarse con el ejemplo de los accidentes de tráfico. En el universo existe una cierta probabilidad de que se produzcan accidentes de tráfico. Sin embargo, esta probabilidad puede aumentar o disminuir según las intenciones del conductor. Si un conductor está preocupado por tener un accidente, esa intención aumentará la probabilidad de que ocurra un accidente. La razón es que el conductor se centra en su miedo a tener un accidente. Por el contrario, si este mismo conductor se sintiera relajado, disfrutara de la conducción y condujera a la defensiva, la probabilidad de sufrir un accidente disminuiría.

La afectación de la probabilidad de que se manifieste un potencial también puede ejemplificarse con los tipos de personalidad del optimista y del pesimista. La razón por la que estos tipos de personalidad experimentan la realidad de forma diferente es que su mentalidad dominante afecta a la probabilidad de que se les presenten circunstancias alentadoras o desalentadoras. Debido a su actitud, el optimista afecta a la probabilidad del universo de forma que la proporción de circunstancias alentadoras sea mayor que la de circunstancias negativas, mientras que el pesimista atrae una proporción opuesta a la del optimista.

Capítulo 4: Cómo encajar las piezas

Hasta ahora, hemos cubierto mucha información, así que en este capítulo lo pondremos todo junto para proporcionar el contexto, para que puedas ver cómo todas estas piezas encajan. Como se indicó anteriormente, eres simultáneamente conciencia pura en tu nivel más esencial y un ser físico en el nivel manifestado. Lo que comúnmente llamamos universo es conciencia pura.

La naturaleza de la conciencia es expandirse, pero la expansión requiere nueva información, por lo que la conciencia se manifiesta como fenómeno. Solamente a través de la forma física o corpórea puede ocurrir la experiencia, la cual es nuestro propósito para estar aquí. La experiencia es el resultado del contraste, que es la razón por la que nos manifestamos como un cuerpo físico, y tener un cuerpo físico crea una sensación de separación, lo que resulta en la experiencia del contraste. Yo y tú, nosotros y ellos, la luz y la oscuridad, el calor y el frío, la paz y la guerra, el amor y el odio, la riqueza y la escasez, el bien y el mal, todas estas cosas son ejemplos de contraste.

El contraste es la forma en que obtenemos nueva información. Esta información se transmite, como nuestras intenciones, a nuestro ser esencial, o al universo. La naturaleza del universo es responder a todas nuestras intenciones, por lo que manifiesta las personas, los objetos, las situaciones, los acontecimientos y las circunstancias que cumplen ellas, lo que conduce a nuevas experiencias.

Nuestras intenciones proporcionan al universo nueva información para su expansión, mientras que nuestra experiencia conduce a la expansión de nuestro ser manifestado. Este bucle de retroalimentación es la base de la ley de la atracción, la cual es la comunicación continua entre tu yo manifestado y tu yo no físico.

Cuando tengas una comprensión íntima de la dinámica de la ley de la atracción, como acabamos de describir, sentirás que te liberas, y empezarás a entender que es imposible equivocarse en la vida, que todo lo que experimentarás está resultando en tu expansión y que ese es el propósito del universo para apoyarte.

Capítulo 5: La ley de la atracción y las relaciones

Las relaciones son la herramienta más poderosa para aprender a elevar tu vibración y ser más consciente de ti mismo. Las personas que han entrado en tu vida lo hicieron porque tú las atrajiste, no hay accidentes ni errores en este universo. Al igual que un imán atrae limaduras de hierro, tú has atraído a las personas hacia ti, y tus relaciones son el espejo que te permite ver tu subconsciente. Es por esta razón que a menudo oímos la historia de la persona que deja una relación porque es infeliz, y que luego se encuentra en la misma situación al entrar en una nueva relación.

Hasta que no aprendamos a utilizar nuestras relaciones como un espejo para ver las sombras dentro de nosotros mismos, seguiremos atrayendo experiencias que se alinean con nuestro lado más oscuro.

Antes de explorar más a fondo la dinámica de cómo las relaciones sirven de espejo, es importante repetir una afirmación que se hizo anteriormente en este libro, y es que todas nuestras experiencias son las proyecciones de nuestra propia mente. Tus relaciones, como toda la vida, son un espejo de tu mundo interior. No obstante, mientras basemos nuestra experiencia de la vida en el pensamiento intelectual o racional, atribuiremos nuestros problemas a las personas, las situaciones, las circunstancias y los acontecimientos "externos" a nosotros.

De niña, Jane siempre sintió que su padre no la quería. A diferencia de sus hermanos, con los que parecía disfrutar, a ella le parecía distante. Además, siempre fue una niña curiosa por naturaleza y quería explorar el mundo que la rodeaba. Sus padres, que venían de una educación tradicional, intentaban reprimir su curiosidad, creyendo que las niñas debían ser calladas y reservadas.

Desde que somos bebés, aprendemos que necesitamos depender de nuestros padres para satisfacer nuestras necesidades. Si nos ganamos la aprobación de nuestros padres, es más probable que consigamos lo que queremos. Si no cumplíamos sus expectativas, era posible que recibiéramos un castigo o una desaprobación. Para cumplir con las expectativas de nuestros padres, teníamos que suprimir algunas de nuestras cualidades naturales que eran desaprobadas mientras adoptábamos nuevas creencias o comportamientos que cumplían las expectativas de nuestros padres. Jane aprendió que ser curiosa y exploradora no se premiaba mientras que ser callada y reservada sí. Además, desarrolló la creencia de que la razón por la que su padre se mostraba distante era porque ella no era digna de ser amada.

A través de la continua exposición a sus padres, Jane aprendió a suprimir su deseo de curiosidad y exploración hasta que se convirtieron en parte de su subconsciente, y estas cualidades se volvieron irreconocibles para ella. Llegó a verse a sí misma como una persona callada y reservada. También llegó a juzgar o criticar a las personas que veía como curiosas y aventureras, especialmente a las que tenían estos rasgos. Se sentía así con ellos porque, a nivel subconsciente, le recordaban el dolor que ella misma experimentaba por ser así. En cuanto a la relación con su padre, inconscientemente atrajo a su vida a hombres que también eran distantes con ella.

La historia de Jane es nuestra historia, ya que todos hemos aprendido a suprimir aspectos naturales de nuestra personalidad para ser aceptados. Aunque no seamos conscientes de estos aspectos suprimidos, atraen a nuestra vida a las personas y situaciones que son coherentes con su frecuencia. Es por esta razón que muchas personas tienen problemas para obtener el resultado que desean de la vida, no son conscientes del hecho de que están emitiendo una señal al universo que contradice lo que desean conscientemente. Recuerda que la ley de la atracción siempre está funcionando, creamos o no en ella. La única pregunta es: ¿somos conscientes de lo que estamos transmitiendo al universo, tanto consciente como inconscientemente?

Ningún pensamiento o emoción es inherentemente negativo o positivo. Somos nosotros los que asignamos un significado a nuestros pensamientos y emociones. Todos nuestros sufrimientos y esa sensación de infelicidad son el resultado de que juzgamos nuestros pensamientos y emociones y desarrollamos una resistencia hacia ellos.

Cuando podemos abandonar nuestra resistencia hacia cualquier aspecto de nosotros mismos, liberamos energía y acallamos el ruido mental que absorbe nuestra atención. Desde la perspectiva de la conciencia superior, no hay nada en este universo que sea inherentemente bueno o malo. Incluso aquellos aspectos de nosotros mismos que intentamos suprimir o combatir tienen aspectos nobles, aspectos que nos sirven. Cuando abandonamos nuestra resistencia a cualquier cosa en la vida, esta trabajará a nuestro favor.

Cómo hacerte amigo de tus aspectos inconscientes

El siguiente es un ejercicio que puedes utilizar en cualquiera de tus relaciones para sanar esos aspectos inconscientes de ti mismo que te impiden mejorar tu vida.

Piensa en una persona de tu vida que tenga una cualidad que te moleste.

Cuando hayas identificado esa cualidad, escríbela en un papel. Te recomiendo que utilices una hoja de papel para cada cualidad que identifiques.

En cada cualidad, escribe todas las razones por las que le molesta esa cualidad, por ejemplo, si la cualidad ofensiva de la otra persona es que es insensible, podrías escribir algo así: "*el ser insensible, hace que el mundo sea más frío. Puede hacer que los demás se sientan heridos y te impide experimentar las emociones y los sentimientos de los demás. Ser insensible es como vivir en un desierto estéril*".

Recuerda que la forma en la que experimentas el mundo exterior es un reflejo de tu mundo interior. Lo que te molesta en los demás también se encuentra en cierta medida dentro de ti. Si te molesta la insensibilidad de los demás, es porque tienes insensibilidad dentro de ti, y asocias el dolor emocional a ser insensible.

Ahora reflexiona sobre los beneficios de tener esa cualidad, aunque quizás en menor grado de lo que percibes en la otra persona.

Volviendo al ejemplo anterior, un beneficio de tener un grado de insensibilidad puede ser que no te moleste lo que los demás piensen de ti, ya que te haría menos reactivo emocionalmente, y te proporcionaría un mayor grado de libertad al permitirte hacer las cosas que quieres hacer, sin preocuparte por lo que puedan pensar los demás.

Cuando reconoces la nobleza de tus aspectos subconscientes, renuncias a tu resistencia a ellos, y al hacerlo, estos aspectos perderán su potencia como fuerza contraria cuando atraigas conscientemente aquello que deseas.

Te recomendamos encarecidamente que practiques este ejercicio con personas con las que no tengas una conexión emocional, y cuando tengas más confianza en esta técnica, empieza a practicarla con aquellas relaciones con las que si tengas una fuerte conexión emocional.

Cuando puedas experimentar realmente este ejercicio, llegarás a una comprensión revolucionaria, que es la siguiente: cada persona que ha entrado en tu vida lo hizo porque tú la atrajiste. No solo las atrajiste, sino que también entraron en tu vida como guía o espejo para tu próxima expansión.

Por esta razón, tu búsqueda del hombre o mujer ideal es solo un cuento de hadas. En realidad, cada persona que ha entrado en tu vida era la persona perfecta para ti en ese momento.

Nuestro deseo de encontrar a esa persona perfecta surge de la creencia de que al hacerlo nos sentiremos completos, que hasta entonces estamos incompletos. En realidad, tu sensación de plenitud sólo puede surgir cuando permitas que cada persona que entra en tu vida te devuelva tus proyecciones, sin culparlas a ellas, ni culparte a ti mismo.

Utiliza el ejercicio de este capítulo para aprender lo que la otra persona está revelando sobre ti. En el nivel de conciencia superior, la relación ideal no consiste en hacer feliz al otro, sino en apoyarse mutuamente mientras cada uno descubre su propia verdad y felicidad.

Adentrarte en la perspectiva del otro

En última instancia, la clave para crear una relación satisfactoria reside en la capacidad de comprender la perspectiva de la otra persona y honrarla. Esta comprensión nos lleva a una discusión sobre la ley de la atracción que normalmente no se dilucida, ya que en general se discute desde la perspectiva de atraer relaciones, dinero u otros artículos físicos a nuestras vidas, pero una discusión sobre la atracción de percepciones está a menudo ausente. Para entender mejor esto, primero es necesario desarrollar una comprensión de la naturaleza del pensamiento.

Como se indica a lo largo de este libro, nos identificamos con nuestras mentes y cuerpos, generando un sentido de que cada uno de nosotros es un ser físico que está separado de otros seres vivos. Esta sensación de separación se extiende a los fenómenos mentales que experimentamos, entre los que se encuentra el pensamiento, debido a que creemos que nuestros pensamientos son creados por nosotros, que son exclusivamente de nuestra propia mente. Además, los experimentamos como si fueran la realidad, lo que nos lleva a crear expectativas. Ahora bien, ¿dónde son más evidentes nuestras expectativas que en nuestras relaciones?

Todas las discusiones y luchas dentro de nuestras relaciones son el resultado de que otras personas no cumplen con las expectativas que tenemos en nuestra cabeza. Si estamos firmemente apegados a nuestros pensamientos y expectativas, no puede haber espacio ni flexibilidad para dar cabida a otros puntos de vista.

Con una comprensión más profunda de la naturaleza del pensamiento y de la ley de la atracción, podemos revelar nuestro mayor potencial para crear relaciones extraordinarias.

Como hemos dicho antes, somos seres multidimensionales y simultáneamente físicos y no físicos, siendo nuestra naturaleza esencial la conciencia pura, la cual es la fuente de toda la realidad física, incluyendo los pensamientos. La realidad física es creada por la conciencia que se expresa en una frecuencia más baja, convirtiéndose así en fenomenal. El término fenomenal se refiere a cualquier cosa que pueda ser detectada por la mente, por lo que los pensamientos se consideran parte de nuestra realidad física.

Como seres físicos, no suscitamos nuestros pensamientos, por el contrario, los pensamientos son las expresiones de nuestro ser no físico y son recogidos por nuestro ser físico. Dado que existe una conciencia pura o universal, toda la humanidad tiene igual acceso a cualquier pensamiento que haya sido o sea pensado.

Los pensamientos de Julio César como los de las generaciones futuras son todos accesibles a través de la conciencia mayor. Es esta naturaleza de la conciencia en la que se basa el concepto de los Registros Akáshicos, que son el lugar donde se guarda la información de todas las vidas, pasadas, presentes y futuras. La exposición de cada vida de cada persona se guarda como un registro, al igual que hay diferentes volúmenes en una serie de libros, y cada registro es una vida de pensamientos para esa persona.

Tu conciencia individual o personal es únicamente un subconjunto de la conciencia universal más grande, al igual que una gota de agua es un subconjunto del océano, y al igual que una antena recoge las señales de una torre de radio, tu conciencia personal atrae los pensamientos de la conciencia universal. Atraes aquellos pensamientos que son de la misma frecuencia que tu estado de vida, el cual está determinado por las creencias existentes que tienes. La conciencia universal es como un buffet infinito, y cada uno de nosotros está seleccionando los elementos del menú que coincide con nuestro gusto individual.

Al aprender a calmar nuestra mente a través de la meditación, podemos utilizar la ley de la atracción para acceder a la perspectiva de las personas con las que nos relacionamos. Todas las discusiones y malentendidos con otras personas son el resultado de no ser capaces de ir más allá de nuestras propias percepciones, lo que nos impide percibir las percepciones de la otra persona. Es como si una persona que solo habla inglés tratara de entender a otra que solo habla español. Podemos entrar en la perspectiva de otra persona manteniendo la intención sincera de hacerlo y creando el espacio para recibir esta información.

El siguiente es un ejercicio que debes llevar a cabo, aunque es importante que tengas en cuenta que el éxito en esta técnica requiere de práctica, para dominar la capacidad de entrar en un estado meditativo y la capacidad de permanecer abierto. Comienza realizando lo siguiente:

- Antes de sumergirte en la meditación, piensa en la persona en cuya perspectiva quieres entrar.
- Cuando pienses en esta persona, enfócate en las frustraciones y preocupaciones que tiene y en sus razones para ello. No es necesario que entiendas o estés de acuerdo con su perspectiva, tu trabajo es simplemente reconocer sus frustraciones.
- Anúnciate a ti mismo tu intención de entrar en la perspectiva de esta persona.
- Entra en tu meditación, recordándote de nuevo tu intención.
- Cuando alcances un estado mental tranquilo, repite la intención una última vez. A partir de este momento, no intentes influir en tu experiencia ni tengas expectativas. Simplemente, permanece abierto y permite que lo que experimentes se presente.
- Practica repitiendo este ejercicio hasta que experimentes la percepción de la otra persona.

La siguiente meditación puede utilizarse para manifestar la relación que deseas:

- Siéntate en una posición cómoda, cierra los ojos y respira normalmente.

- Pon tu atención en tu respiración concentrándote en las sensaciones que experimentas cuando el aire entra y sale de tu cuerpo.
- Mientras te concentras en tu respiración, experimentarás la aparición de pensamientos, pero simplemente ignóralos y devuelve tu atención a la respiración.
- Si mantienes tu atención en tu respiración, llegará el momento en que puedas mantener tu conciencia de ella sin ningún esfuerzo. Cuando llegues a este punto haz lo siguiente:
    - Imagina cómo te sentirías emocionalmente si tuvieras la relación que deseas. Experimenta estas emociones tan plenamente como sea posible.
    - Imagina lo que verías si tuvieras la relación que deseas.
    - Imagina lo que tocarías si tuvieras la relación que deseas.
    - Imagina lo que escucharías si tuvieras la relación que deseas.
    - Haz que estas experiencias sean lo más reales posible y luego intensifica los sentimientos.

Por último, cuando estés listo, despierta de tu meditación.

Capítulo 6: La ley de la atracción y el trabajo

¿Cuál es tu propósito al trabajar? ¿Es para ganar dinero y poder mantenerte? ¿Es porque te satisface? ¿Es porque te apasiona tu campo de trabajo? Si quieres vivir desde un nivel de conciencia más elevado y marcar una mayor diferencia con lo que haces, es posible que quieras considerar el trabajo desde un punto de vista diferente. En lugar de verlo como un medio para obtener dinero o un determinado sentimiento, ¿qué pasaría si tomáramos al trabajo como un medio para expresar el amor?

Mientras veamos el trabajo únicamente por lo que podemos obtener de él, estaremos operando desde un lugar de escasez. Tu naturaleza esencial es la de la abundancia absoluta y carece de necesidades. De hecho, tú, como naturaleza esencial, no necesitas hacer nada, ya que estás más allá de la necesidad. ¿Qué pasaría si cambiáramos nuestro propósito de trabajar de ganar algo a dar algo? En el nivel más básico, todo trabajo implica proporcionar un producto o servicio al cliente. Si vendo coches, puedo tener la creencia de que, para tener éxito, tengo que trabajar duro y cumplir mis cuotas. Según este modelo, tengo que hacer un esfuerzo concertado para vender coches si quiero ganar dinero.

¿Y si adoptamos un nuevo paradigma e identificamos nuestros talentos, habilidades y pasiones, y hacemos del amor nuestro servicio o producto? Tu talento y tus habilidades son el amor manifestado de una manera que es exclusivamente tuya. Lo que haces en el trabajo es solo el contexto para expresar el amor, que es tu verdadero producto o servicio.

Rosa es una empleada de una tienda muy concurrida. No obstante, ser empleada es solo un título, ya que su verdadero trabajo es dar amor a todos los clientes que entran en la tienda, puesto que la mayoría de ellos vuelven es por cómo les hace sentir Rosa, lo que compran es solamente secundario. Se apresura a saludarles y a preguntarles cómo están. Mientras que la mayoría de la gente que trabaja en la tienda lo ve únicamente como un trabajo, Rosa utiliza su posición para dar amor. Como su objetivo es crear amor y valor para sus clientes, Rosa no percibe su trabajo como "trabajo", para ella, la tienda es su segundo hogar, y sus clientes son su familia.

Debido a su actitud, no puede evitar tener un impacto positivo en su entorno, y la dirección lo nota. Ha recibido varios ascensos y goza del favor de su empleador. El amor de Rosa se expresa en todo lo que hace en su trabajo, y cada persona que tiene la suerte de entrar en contacto con ella se beneficia de una manera única. Rosa es la preferida de su equipo directivo y la apoyan en todo lo que pueden.

La fuerza de atracción más poderosa es el amor, y también es la fuerza creativa más grande. Los que aman lo que hacen pueden parecer que trabajan mucho, pero ellos no lo sienten así. Cuando hacemos lo que amamos, nuestras acciones parecen fluir sin esfuerzo, y perdemos la noción del tiempo. No solo nuestras acciones fluyen sin esfuerzo, sino que también se nos ocurren nuestras mejores ideas. Lo que acabamos de describir es el estado de flujo, o estar en la zona. El estado de flujo se produce cuando permitimos que nuestro ser esencial tenga prioridad sobre nuestro pensamiento. Estar en el estado de flujo es estar enamorado.

La mayoría de la gente piensa que tenemos que estar haciendo una actividad determinada para estar en flujo. Si bien es cierto que dicho estado se alcanza más a menudo cuando estamos haciendo cosas que disfrutamos, esto es solo una ilusión que hemos llegado a creer. Tú eres el creador de tu experiencia, y tú eres el que le da sentido a la experiencia. La actividad o el trabajo que estás haciendo es solo un accesorio. Todo lo que sientes o piensas se proyecta en la experiencia, y la experiencia no puede hacerte sentir nada.

La diferencia entre alguien que ama su trabajo y alguien que lo odia no tiene nada que ver con el trabajo. La diferencia entre estas dos personas es lo que proyectan en el trabajo. Mientras sintamos que nuestra experiencia es el factor determinante de cómo nos sentimos, viviremos nuestra vida de manera reactiva hacia nuestra experiencia. Cuando nos damos cuenta de que nosotros construimos nuestra experiencia y su significado, entonces tenemos el poder de entrar en el estado de flujo y ser amor, independientemente de la situación. Llegar a este estado de existencia requiere tiempo, paciencia y una práctica comprometida de meditación u otra práctica contemplativa.

Independientemente de cuál sea tu trabajo, tanto si trabajas para otra persona como para ti mismo, el éxito final llega cuando tu principal producto o servicio es el amor, y lo asumes como propio. No se trata de lo que haces, sino de cómo lo haces. Cuando cada aspecto de nuestra vida laboral se basa en el amor, tendrás éxito. ¿Cómo basas tu trabajo o negocio en el amor? Tratas lo que haces como si fueras su dueño, y esperas solamente la más alta calidad de ti mismo.

Todo lo que haces, lo llevas a cabo como si fuera un acto sagrado, un regalo para tu amado. Este tipo de atención debe fluir en todos los aspectos de tu trabajo. Significa ser plenamente consciente de cómo interactúas con los miembros de tu equipo, tus clientes, tus proveedores, tus procesos y tus sistemas.

Tu enfoque debe dirigirse a cómo puedes proporcionar la mayor y mejor atención en todo lo que haces. La verdadera prosperidad llega a aquellos que crean el valor más grande para aquellos a los que sirven, y a quien sirves es a toda la vida. Las siguientes son características del trabajo basado en el amor:

- Tener un sentido de propiedad de todos los aspectos del lugar de trabajo o de la compañía.
- Considerar los problemas de la compañía como tu problema.

- Buscar constantemente formas de mejorar las cosas y compartirlas con los responsables de la toma de decisiones.
- Llevar tu trabajo como si el producto o servicio final fuera para tus seres queridos.
- Actuar para apoyar a otros que están experimentando desafíos en el lugar de trabajo.
- Ampliar tu sentido de la responsabilidad desde tu trabajo asignado a la compañía en conjunto.
- Encontrar formas de mejorar la experiencia del cliente.

Si tienes tu propio negocio y eres autónomo, las características de un negocio basado en el amor serían las siguientes:

- Buscar constantemente formas de mejorar tus sistemas y procesos.
- Llevar tu negocio como si el producto o servicio final fuera para tu amada.
- Tratar a los miembros de tu equipo, tus clientes y tus proveedores como tu recurso más importante.
- Encontrar formas de hacer negocios que minimicen el impacto en el medio ambiente y que sean sostenibles.
- Eliminar los procesos que dan lugar a la injusticia social.

Ningún trabajo puede ser realmente exitoso a largo plazo o crear un verdadero valor mientras se centre en ganar dinero. El verdadero éxito llega cuando nuestros esfuerzos crean un valor duradero para el planeta en su conjunto. Algunas empresas tienen mucho éxito según los estándares convencionales. No obstante, su éxito es solo una ilusión si no se presta atención al costo de hacer negocios. Tanto si se trata de la destrucción del medio ambiente como de la explotación de las personas, al final no se podrán ignorar los costos para el mundo. Cuando trabajemos a través del amor, nos beneficiaremos personalmente y también lo hará el mundo. Esto sucederá porque estaremos atrayendo a nuestra vida lo mejor que el universo puede servir.

Ejercicio 1

Tómate un tiempo para reflexionar sobre el pasado e intenta recordar los momentos en los que fuiste más feliz. Cuando recuerdes un momento concreto, piensa en lo que estabas haciendo y en cómo lo estabas haciendo. Por ejemplo, si eras más feliz cuando eras creativo, ¿cuál era el contexto en el que lo hacías? ¿Eras creativo en beneficio de otra persona o solo lo hacías para expresarte? En tu memoria, ¿había otras personas involucradas? Asegúrate de anotar toda esta información.

Cuando puedas obtener los detalles del recuerdo, repite este ejercicio de nuevo eligiendo otro recuerdo. Completa este proceso hasta que se te acaben los recuerdos.

Ahora piensa en tus habilidades y talentos. Haz una lista de todas las cosas que se te dan bien. Tus habilidades y talentos deben ser aquellas cosas que te salen naturalmente, las haces sin ningún esfuerzo. Algunos ejemplos son:

- Ser compasivo.
- Ser un buen oyente.
- Tener sentido del humor.
- Ser creativo.
- Ser bueno con los números.
- Tener habilidades informáticas.
- Ser capaz de hablar de forma fluida.
- Capacidades analíticas.
- Habilidad atlética.

Cuando hayas completado tu lista revísala y permítete experimentar los sentimientos que surgen al leerla, luego medita.

A medida que profundices en tu meditación, pídele al universo que te guíe sobre cómo podrías utilizar tus talentos y habilidades de forma que creen valor y felicidad para ti y para los demás. Mientras meditas, permítete experimentar los sentimientos que tendrías si ya estuvieras trabajando en el empleo de tus sueños. Dedica todo el tiempo que puedas a sumergirte en esa sensación. Continúa esta meditación cada día hasta que recibas la guía que necesitas para manifestar tu deseo. Cuando esto ocurra, continúa con esta meditación hasta que el trabajo de tus sueños se manifieste por completo.

Ejercicio 2

Siéntate en una posición cómoda, cierra los ojos y respira normalmente.

Pon tu atención en tu respiración concentrándote en las sensaciones que experimentas mientras el aire entra y sale de tu cuerpo.

Mientras te centras en tu respiración, aparecerán pensamientos, pero simplemente ignóralos y vuelve a enfocar tu atención en la respiración. Si lo cumples de la forma adecuada, llegará el momento en que puedas mantener tu conciencia de ella sin ningún esfuerzo. Cuando llegues a este punto, piensa en cómo te sentirías emocionalmente si tuvieras el trabajo que deseas. Experimenta estas emociones lo más plenamente posible.

Imagina lo que verías si tuvieras el trabajo que deseas.

Imagina lo que tocarías si tuvieras el trabajo que deseas.

Imagina lo que oirías si tuvieras el trabajo que deseas.

Haz que estas experiencias sean lo más reales posible, haciéndolas más intensas siempre que sea posible, y luego déjalas ir.

Cuando estés preparado, despierta de tu meditación.

Capítulo 7: La ley de la atracción y el dinero

De todas las áreas de nuestra vida, pocas nos afectan tan profundamente como la del dinero. Tanto si hay abundancia como si escasea, el dinero puede tener un poderoso impacto emocional en nosotros. Ya seas rico o pobre, el dinero desempeña un papel dominante en la conciencia de la mayoría de las personas, por ello, hemos desarrollado fuertes creencias y actitudes sobre el dinero. He aquí algunos ejemplos de las más comunes:

El dinero es la raíz de todos los males.

El dinero no crece en los árboles

El deseo de dinero no es espiritual.

La mayoría de las personas ricas han llegado a serlo aprovechándose de los demás.

Es egoísta pedir cosas que no podemos pagar.

No puedo tener éxito financiero porque tengo demasiadas cosas en mi contra.

Se necesita dinero para hacer más dinero.

Todas estas creencias y prejuicios apuntan a que existe poco entendimiento e ignorancia con respecto al dinero, ya que cada una de ellas implica que el dinero tiene un poder o un valor inherente, que hace que nos comportemos de una determinada manera. Empecemos por desmentir estas creencias y exploremos una perspectiva más empoderadora del dinero que pueda liberarnos de los grilletes que tenemos atados tanto al dinero como a nosotros mismos.

El dinero es sólo un medio para medir el intercambio de valor.

Si pago a un vendedor 50 dólares por un par de zapatos nuevos, tanto el vendedor como yo hemos acordado que los zapatos valen 50 dólares. El valor del dinero es puramente subjetivo, ya que nuestro gobierno asigna el valor al mismo.

El valor del dinero solía basarse en el oro. No obstante, como ya no estamos en esa época donde todo se medía en base al valor del oro, el valor del dinero es puramente subjetivo. Lo que no es subjetivo es lo que compra. Los zapatos que compré tienen un valor inherente, que fue establecido por el vendedor en 50 dólares.

El valor del dinero que utilicé para comprar los zapatos es subjetivo y puede cambiar durante los períodos de inflación. El error que cometen muchas personas es que se centran en ganar dinero, que no tiene ningún valor inherente, en lugar de centrarse en el valor que tienen que ofrecer, que genera dinero, es decir, este último se hace cuando encontramos una forma de crear valor para otros, y los demás están dispuestos a compensarnos por ello.

Hay personas que han generado millones de dólares y lo han perdido todo, solo para reconstruir su riqueza de nuevo. También hay gente que solo puede soñar con hacerse rica y que vive su vida en la escasez. Únicamente, hay una cosa que separa a estos dos grupos y son sus creencias.

Las personas que nacieron ricas, o crearon su propia fortuna, tienen una mentalidad que les proporciona una sensación de certeza de que pueden atraer el dinero. Para estas personas, ganar dinero es algo natural. Los que nunca han experimentado la riqueza financiera han desarrollado una mentalidad de escasez. Esa sensación de escasez sólo se ve reforzada por la historia de su familia, el barrio en el que viven o los estereotipos que han adquirido a través de la socialización.

Si nuestra creencia dominante es que podemos generar riqueza, entonces eso es lo que aparecerá en nuestras vidas, siempre que nos apliquemos y encontremos la manera de producir valor para los demás. Por el contrario, si nuestra creencia es que estamos empobrecidos, que hemos nacido en desventaja, que no podemos tener un respiro, entonces eso es lo que atraeremos.

La diferencia entre la riqueza y la pobreza tiene menos que ver con el dinero y las oportunidades que con la mentalidad. Henry Ford, Steve Jobs, Oprah Winfrey, J.K. Rowling y Chris Gardner son solo algunos ejemplos de personas que partieron de comienzos muy modestos o incluso de la falta de hogar, para generar fortunas en la edad adulta.

Independientemente de cuál sea tu historia, la fórmula para generar dinero no es tan difícil como parece, especialmente cuando empleas conscientemente la ley de la atracción. La siguiente secuencia de ejercicios te indicará la dirección correcta, ya que se dirigirá tanto a tu mente consciente como a tu subconsciente.

Ejercicio 1: Examina tus creencias sobre el dinero

Escribe una lista de todas tus creencias sobre el dinero. Si es necesario, consulta los ejemplos de la parte anterior de este capítulo, y no la conviertas en un ejercicio intelectual, en su lugar, escribe lo que te venga a la mente.

Cuando hayas completado la lista, revisa cada creencia. Si la creencia no te hace sentir empoderada, traza una línea a través de ella y crea una nueva creencia que resuene contigo y te dé poder.

Nota: consulta el ejercicio del capítulo 10, el ejercicio para cambiar una creencia, y ahí podrás obtener instrucciones sobre cómo instalar tu nueva creencia.

Ejemplo:

Antigua creencia: el dinero no crece en los árboles.

Nueva creencia: el dinero crece a partir de las ideas que fomento y persigo.

Ejercicio 2: Conócete a ti mismo

El dinero se genera cuando suscitamos un valor que satisface una necesidad. Cuando el valor que proporcionas también se alinea con tu pasión y tu alegría, a la vez que satisface una necesidad, entonces tienes una fórmula ganadora.

Tómate tiempo para reflexionar sobre lo que te gusta hacer. Piensa en lo que te hace feliz o te apasiona. Si hay algo que te gusta hacer, lo más probable es que también se te dé bien. Haz una lista de todas las cosas que se te ocurran. Pueden ser tan sencillas como disfrutar hablando o tan complejas como reparar ordenadores.

Ejercicio 3: Identifica tus calificaciones

Haz una lista de todas tus habilidades, talentos y conocimientos.

Las habilidades se consideran aquellas capacidades que tienes y que has tenido que aprender. Ejemplos:

- Hacer la contabilidad.
- Reparar de coches.
- Hacer buceo.

Los talentos son aquellas habilidades que te salen naturalmente, que no requirieron ningún aprendizaje. Ejemplos:

- Ser compasivo.
- Tener sentido del humor.
- Ser persuasivo.
- Ser atlético.

La base de los conocimientos incluye a aquellos que son adquiridos por la educación formal, la formación o por ser autodidacta.

Ejercicio 4: Identifica necesidades

Este ejercicio consiste en identificar una necesidad no satisfecha, la cual puede ser local, nacional o mundial. Piensa en las necesidades como problemas, que pueden variar en magnitud, es decir, pueden ser tan insignificantes como olvidar dónde has dejado las llaves o las gafas hasta ser tan relevantes como la conservación del agua o la escasez de energía.

Los últimos cuatro ejercicios de este proceso de cinco fases sirven para lo siguiente:

- Cambiar cualquier creencia desalentadora sobre el dinero puede hacer que te motives.
- Construir el éxito financiero requiere persistencia y determinación, por lo que, hacer lo que te gusta mejorará en gran medida tus posibilidades de éxito. Si te gusta lo que haces, es más probable que sigas con ello, a pesar de los baches en el camino.
- Conocer tus cualificaciones te proporcionará una estructura de apoyo para hacer lo que te gusta.
- Identificar las necesidades insatisfechas hará que lo que tienes que ofrecer sea relevante para los demás.
- Los dos últimos ejercicios son para tener una idea y atraer el dinero usando la ley de la atracción.

Ejercicio 5: La idea ganadora y la ley de la atracción

Tómate un tiempo para reflexionar sobre la información que has obtenido en estos ejercicios. ¿Puedes tener una idea que fusione todos estos componentes? La creación de una idea ganadora puede requerir tiempo e investigación, pero si no lo consigues, también puedes utilizar la ley de la atracción.

La ley de la atracción puede utilizarse para encontrar una idea y para atraer a las personas y las circunstancias que pueden ayudarte a manifestar una empresa que genere dinero. Es importante, sin embargo, hacer los tres primeros ejercicios antes de recurrir a ella. La información que obtengas de estos ejercicios aclarará tus intenciones. Para utilizar la ley de la atracción, realiza lo siguiente:

- Revisa tus listas de los ejercicios de este capítulo. También puedes incorporar las listas del capítulo sobre el trabajo.
- Después de comprobar la lista, crea una intención.

Ejemplos:

- Encontraré una idea que aborde una necesidad y genere felicidad para todos los involucrados.
- Encontraré una manera de alinear mis alegrías y fortalezas con el servicio a los demás.
- Atraeré a las personas y las circunstancias que me permitirán servir con éxito a los demás.

Entra en tu meditación. Cuando alcances un estado de calma, libera tu intención. Al soltar tu intención, abandona todo apego a ella. Simplemente, continúa viviendo tu vida.

Repite esta meditación hasta que tu petición se manifieste.

Ejercicio 6: Atrae el dinero utilizando la ley de la atracción

Siéntate en una posición cómoda, cierra los ojos y respira normalmente.

Pon tu atención en tu respiración concentrándote en las sensaciones que experimentas cuando el aire entra y sale de tu cuerpo.

Al concentrarte en tu respiración, aparecerán pensamientos, pero simplemente ignóralos y vuelve a centrar tu atención en la respiración.

Si mantienes tu atención en la respiración, llegará un momento en el que podrás mantener tu conciencia de ella sin ningún esfuerzo. Cuando llegues a este punto, piensa en cómo te sentirías emocionalmente si tuvieras el dinero que deseas. Experimenta estas emociones lo más plenamente posible.

Imagina lo que verías si tuvieras el dinero que deseas.

Imagina lo que tocarías si tuvieras el dinero que deseas.

Imagina lo que escucharías si tuvieras el dinero que deseas.

Haz que estas experiencias sean tan reales como sea posible, haciéndolas más intensas siempre que sea posible y luego déjalas ir.

Cuando estés listo, despierta de tu meditación.

Capítulo 8: La ley de la atracción y la salud

Como todo en este universo está hecho de energía, la ley de la atracción afecta a todos los aspectos de nuestra vida, y nuestro cuerpo no es una excepción. Los pensamientos que tenemos sobre nuestro cuerpo y nuestra salud se manifestarán como nuestra experiencia de ellos. Desde una perspectiva universal, tanto nuestro cuerpo como nuestra salud son la manifestación del pensamiento. Los pensamientos son tan poderosos que incluso pueden anular nuestra genética, lo que no debería sorprendernos. Aunque la genética puede tener el plano del cuerpo, ese plano tuvo que ser creado primero. Lo que creó el plano fue la conciencia. De hecho, el poder de la conciencia sobre nuestra salud y nuestro cuerpo puede verse en nuestra vida diaria.

Aunque nadie ha llegado a una estimación exacta, el número de células del cuerpo humano puede oscilar entre 50 y 70 billones, en donde cada una se reemplaza después de un período de días o meses, dependiendo del tipo de célula. Además, cada célula lleva a cabo numerosas funciones que están coordinadas con todas las demás. ¿Qué es lo que orquesta toda esta actividad celular a través de las innumerables generaciones de células?

A medida que pasamos por las distintas etapas de la vida, sufrimos numerosos cambios. Cambian nuestros conocimientos y nuestra comprensión, cambia nuestra experiencia y cambia nuestro cuerpo. A pesar de todos estos cambios, hay un aspecto de nosotros que no cambia, y es nuestra conciencia. A pesar de todas las transformaciones que sufrimos, lo que es consciente del cambio permanece inalterable. Como conciencia, somos eternos e inmutables, sin embargo, nuestros cuerpos físicos están sometidos a un cambio continuo y constante por segundos.

¿Por qué algunos pacientes experimentan remisiones espontáneas del cáncer? ¿Por qué se produce el efecto placebo? ¿Cómo es posible que una persona que toma una píldora de azúcar, pensando que se trata de un nuevo fármaco experimental, muestre unos beneficios terapéuticos comparables a los de otro paciente que recibió una medicación real? ¿Por qué hay científicos y grupos médicos muy respetados que financian investigaciones sobre el poder de la oración en la curación? Todas estas preguntas siguen eludiendo tanto a los científicos como a los investigadores porque se centran en el cuerpo humano como una estructura mecánica y física, en lugar de la expresión de una inteligencia y sabiduría unificadoras, que es la conciencia. Las creencias que tenemos con respecto a nuestra salud y nuestros cuerpos se materializarán como nuestra salud y nuestros cuerpos mismos.

Cuando expresamos cualquier resistencia hacia nuestro cuerpo, la ley de la atracción manifestará en nuestro cuerpo aquello en lo que nos enfocamos. Si tememos sucumbir a la enfermedad, entonces ese enfoque puede manifestarse como una enfermedad real. Si nos enfocamos en nuestra insatisfacción con nuestro peso, nuestros cuerpos manifestarán las condiciones que harán que nuestros intentos de pérdida de peso sean infructuosos o insostenibles.

Si nos enfocamos en cómo estamos envejeciendo, la ley de la atracción manifestará aquellas condiciones que conducen a la aceleración del proceso de envejecimiento. Asimismo, si nos enfocamos en el miedo al recibir un diagnóstico de una enfermedad que amenaza la vida, nuestra posibilidad de sobrevivir se reducirá automáticamente. Del mismo modo, si nos centramos en nuestro deseo de vivir plenamente nuestra vida, a pesar del diagnóstico, nuestras posibilidades de recuperación aumentarán.

Si tenemos una visión positiva de la vida, sentimos amor y aprecio por ella, somos indulgentes con nosotros mismos y con los demás, y perseguimos el día a día con ilusión, nuestra mentalidad puede anular los efectos de actividades poco saludables como fumar. La mayoría de nosotros hemos escuchado las historias de cómo un individuo que se dedica a actividades poco saludables, vive una vida larga y vigorosa, mientras que otro individuo, que vive una vida libre de tales actividades, termina falleciendo tempranamente.

El principio rector de todos los ejemplos que acabamos de describir es el de la emoción. Nuestra salud emocional determina la frecuencia de nuestro cuerpo. Las emociones de alta frecuencia se reflejarán en la frecuencia del cuerpo, y lo mismo pasa con las emociones de baja frecuencia. El amor propio se manifiesta como salud física, así como la resistencia hacia nosotros mismos se manifiesta como problemas de salud.

Donde te encuentras hoy con la salud de tu cuerpo es muy probable que se deba a tus creencias dominantes. Nuestra fisiología está fuertemente influenciada por nuestra salud emocional. Se realizó un experimento en el que dos sujetos se subieron a una montaña rusa, pero antes de subirse a ella, fueron sometidos a pruebas para determinar sus marcadores fisiológicos como la presión arterial, los niveles hormonales y otros factores fisiológicos. La primera prueba de los sujetos fue para establecer una línea de base. A continuación, se montaron en la montaña rusa, al primer sujeto le encantó la atracción y no podía esperar a volver a subir, y el segundo sujeto encontró la atracción aterradora y no podía esperar a que terminara. Una vez finalizada la atracción, los volvieron a examinar. El sujeto que disfrutó de la atracción tenía los niveles fisiológicos de una persona que experimenta bienestar. El sujeto que encontró la atracción como una experiencia amenazante lo expresó en su fisiología. Sus hormonas del estrés estaban elevadas, mientras que otros marcadores fisiológicos reflejaban un cuerpo que estaba experimentando estrés. Ambos sujetos experimentaron el mismo viaje, la única diferencia fue su creencia sobre la experiencia.

Cada vez que experimentamos algo que no sea la aceptación sincera o el amor por nuestro cuerpo, estamos en guerra con él. En lugar de intentar perder peso, sería más productivo centrarse en el amor propio y en disfrutar de un estilo de vida saludable.

En lugar de intentar dejar de fumar, intenta vivir una vida en la que cada día te centres en experimentar un mayor significado y plenitud, y en lugar de sucumbir a la creencia de que envejecer significa una disminución de tu capacidad para disfrutar de la vida, empieza a meditar para descubrir la verdad de lo que eres, que está más allá de las creencias. El proceso de envejecimiento y la duración de la vida humana que hemos aceptado como un hecho son cualquier cosa menos eso. Cualquier aspecto del proceso de envejecimiento se basa en actitudes sociales, estadísticas e investigaciones, todas ellas basadas en nuestra limitada comprensión humana. Son solo una creencia. Al igual que el efecto placebo, si creemos lo que dice la sociedad, o lo que revelan las estadísticas y la investigación, nuestras mentes y nuestros cuerpos obedecerán.

Como en cualquier otro aspecto de la vida, podemos basarnos en la mente, cuya comprensión está limitada a los conceptos y al intelecto, o podemos basar nuestras vidas en el potencial infinito de nuestra conciencia mayor. Todo lo que se requiere de nosotros es proporcionar la intención, el universo se encargará de todo lo demás.

La salud de nuestro cuerpo es la expresión física de la salud de nuestros pensamientos. Al igual que deberíamos esforzarnos por eliminar la resistencia hacia nuestros fenómenos mentales, sería prudente eliminar cualquier resistencia que tengamos hacia nuestros cuerpos. Afortunadamente, al dirigirnos a nuestra mente nos dirigiremos simultáneamente al cuerpo, y la forma más poderosa de hacerlo es cultivando el amor propio.

Si tienes la intención de utilizar la ley de la atracción para mejorar tu salud, te insto a que realices los ejercicios de amor propio descritos en el capítulo 2, si no los has hecho. Cuando hayas completado este ejercicio, pasa al siguiente.

Ejercicio:

Siéntate en una posición cómoda, cierra los ojos y respira normalmente.

Pon tu atención en tu respiración concentrándote en las sensaciones que experimentas cuando el aire entra y sale de tu cuerpo.

Al concentrarte en tu respiración, aparecerán pensamientos, pero simplemente ignóralos y vuelve a centrar tu atención en la respiración.

Si mantienes tu atención en la respiración, llegará el momento en que puedas mantener la conciencia de ella sin ningún esfuerzo. Cuando llegues a este punto, piensa en cómo te sentirías emocionalmente si tuvieras la salud que deseas. Experimenta estas emociones lo más plenamente posible.

Imagina lo que verías si tuvieras la salud que deseas.

Imagina lo que tocarías si tuvieras la salud que deseas.

Imagina lo que oirías si tuvieras la salud que deseas.

Haz que estas experiencias sean lo más reales posible, haciéndolas más intensas siempre que sea posible, y luego déjalas ir.

Cuando estés preparado, despierta de tu meditación.

Capítulo 9: La ley de la atracción y la superación personal

Somos una sociedad que se centra en lo que está mal en lugar de lo que está bien. Las noticias se enfocan en lo negativo en lugar de lo positivo porque lo negativo atrae más atención, es lo que se vende.

Nuestro sistema sanitario se centra en la enfermedad en vez del bienestar y la prevención. Muchos profesionales de la salud mental llevan a cabo sesiones con sus clientes que implican centrarse en sus problemas, y la industria de la autoayuda es un mercado floreciente de seminarios, libros, CDs y otros programas que se centran en mejorar o arreglar aquello que percibimos que está mal en nosotros.

Habiendo llegado hasta aquí en este libro, debería quedar claro que es en lo que nos enfocamos lo que atraemos a nuestras vidas. El reto es que cuando decimos que necesitamos mejorar algo de nuestra vida, lo que realmente estamos diciendo es que no somos lo suficientemente buenos. Mientras tengamos la mentalidad de que "no somos lo suficientemente buenos", independientemente del área de nuestra vida, no podremos evitar tener resistencia hacia esa área. Si quiero mejorar mi capacidad de ser feliz en la vida, entonces me estoy diciendo a mí mismo que hay algo malo en cómo me siento. Como siento que hay algo malo en cómo me siento, eso es en lo que me enfocaré. Es por esta razón que la ley de la atracción y la autoayuda son incompatibles.

La ley de la atracción ofrece una visión de por qué es difícil para la mayoría de la gente hacer un cambio duradero. Cada vez que nos resistimos a algo en la vida, estamos librando una batalla con aquello que estamos tratando de cambiar. El cambio es difícil porque estamos luchando contra nosotros mismos en todo momento. Cuando intentamos cambiar lo que somos, estamos librando una batalla contra el universo. Nuestro ser esencial es la conciencia, y nuestro ser manifestado es la forma física por la que nos conocemos. Mientras nuestro enfoque esté en lo que está mal con nosotros, eso es lo que se está proyectando al universo.

El universo se encarga de apoyarnos manifestando en nuestras vidas aquello en lo que nos enfocamos, y al hacerlo se nos da la oportunidad de expandirnos, lo cual beneficia directamente al universo mismo. La única manera de experimentar la vida que deseamos es aprender a aceptarnos y amarnos a nosotros mismos por lo que somos en este momento y centrarnos en cómo queremos que sea nuestra vida.

La práctica de la atención plena, o presencia, es completamente compatible con la ley de la atracción por esa razón. La felicidad solo puede encontrarse en el momento presente. Mientras creamos que nuestra felicidad llegará cuando hayamos alcanzado nuestros objetivos, cuando nuestra situación cambie o cuando la vida empiece a ir como queremos, seguiremos engañándonos. La verdadera felicidad viene de descubrir quiénes somos en la esencia de nuestro ser, que es inmutable. Todo lo demás que perseguimos es solamente una ilusión. Aprendiendo a ser conscientes y a amarnos a nosotros mismos, tal y como somos, todo lo que deseamos se manifestará en nuestras vidas, aunque la forma en que aparezca pueda diferir de lo que esperamos. Utiliza el ejercicio de apreciación del capítulo 2 para desarrollar la aceptación de ti mismo y de tu mundo, y luego céntrate en crear tu obra maestra.

Capítulo 10: Cuando la ley de la atracción tira de la alfombra debajo de ti

Anteriormente en este libro, explicamos cómo nuestros pensamientos subconscientes pueden trabajar en contra de nuestras intenciones conscientes al tratar de manifestar. Sin embargo, hay otra dinámica que también puede conducir a resultados inesperados.

La dinámica a la que me refiero es el conflicto que a veces experimentamos con nuestra mente consciente y nuestros deseos. A veces deseamos algo para nuestra vida, pero nos decimos a nosotros mismos que ignoremos ese deseo. Racionalizamos por qué no debemos perseguir nuestro deseo, pero nuestro deseo es más fuerte que nuestra racionalización. El resultado es que el universo cumplirá con nuestros deseos de una manera inesperada. Cuando esto sucede, es fácil confundir la respuesta del universo como mala suerte o desgracia. En realidad, es una prueba de que el universo nos apoya. La siguiente historia ofrece un ejemplo de ello.

Jon era un profesor que había enseñado durante siete años en la escuela secundaria. Aunque le encantaba su trabajo, su entusiasmo por el mismo empezó a decaer con el paso de los años. Cuando comenzó su séptimo año de servicio, empezó a considerar la idea de dejar la enseñanza y emprender una nueva carrera. Se había cansado de los problemas de disciplina, los recortes en la financiación y los cambios en la política administrativa. A pesar de querer marcharse, permaneció allí porque consideraba que sería irresponsable que se marchara, dado que era el único sostén económico de su familia. Además, su mujer se habría vuelto loca si le hubiera dicho que quería marcharse, ya que ella era contraria a la incertidumbre.

Un día, en el trabajo, Jon cometió un error que le costó el puesto. Un alumno se portó mal y estuvo a punto de pelearse con otro. Jon perdió la cabeza y reaccionó agarrando al alumno para evitar que avanzara hacia el otro. Debido a las estrictas políticas de la escuela sobre el contacto físico con los estudiantes, Jon fue despedido en el acto. Se quedó sin trabajo, un revés aparentemente importante para él y su familia.

Al día siguiente, Jon se dedicó a buscar otro trabajo. Envió currículos en masa, asistió a ferias de empleo y se unió a un grupo de contactos, pero no recibió ofertas ni entrevistas.

Jon se sentía estresado, ya que sus ahorros disminuían rápidamente. Un día, mientras meditaba, se dio cuenta de repente: cuando estaba relajado y su mente estaba en silencio, experimentó una voz desde su interior que le decía que todo iría bien, y cuando se despertó de su meditación, se sintió muy bien, casi mareado. Nada en sus circunstancias había cambiado, seguía sin perspectivas de trabajo, pero se sentía muy bien. Esta vez, Jon abordó su búsqueda de empleo desde un estado mental totalmente nuevo. En lugar de estar preocupado, Jon sabía que encontraría un trabajo. Al día siguiente, vio un anuncio en el periódico para un puesto del que nunca había oído hablar, un desarrollador de planes de estudio. Como no sabía nada de lo que implicaba el trabajo, lo buscó en Internet y encontró la descripción del puesto. Lo que leyó le entusiasmó y solicitó el puesto. Finalmente, consiguió una entrevista y recibió una oferta ese mismo día. A Jon le encanta su nuevo trabajo, y el sueldo y los beneficios para su familia superan a los de su antiguo trabajo.

La historia de Jon ilustra cómo el universo siempre está trabajando para apoyarnos en la obtención de la felicidad si estamos dispuestos a escuchar. Tus deseos son mensajes del universo o de la conciencia mayor. Cuando intentamos suprimir nuestros deseos o racionalizar por qué debemos quedarnos donde estamos, el universo acabará interviniendo si no estamos dispuestos a actuar nosotros mismos. Jon se resistió a seguir sus deseos. Como resultado, el universo tiró de la alfombra debajo de él. El miedo de Jon a quedarse sin trabajo le impidió recibir su regalo del universo. Solo cuando dejó de lado su resistencia, durante su meditación, fue capaz de atraer a su vida ese nuevo puesto de trabajo. Fue su continuo sentido de la confianza lo que le permitió ser contratado.

Podemos pensar en nuestra relación con el universo, o la conciencia mayor, como un bucle de retroalimentación circular. Nuestros deseos son nuestra conexión con el universo, con nuestro ser esencial. Si no escuchamos nuestros deseos, el universo nos hará escuchar. En ese momento, el universo pondrá en marcha las personas, las circunstancias y los acontecimientos que nos harán ser receptivos a ellos.

La siguiente es una meditación para cuando la vida te desconcierta:

Siéntate en una posición cómoda, cierra los ojos y respira normalmente.

Pon tu atención en tu respiración concentrándote en las sensaciones que experimentas cuando el aire entra y sale de tu cuerpo.

Al concentrarte en tu respiración, aparecerán pensamientos, pero simplemente ignóralos y vuelve a centrar tu atención en la respiración.

Si mantienes tu atención en la respiración, llegará el momento en que puedas mantener la conciencia de ella sin ningún esfuerzo. Cuando llegues a este punto, piensa en cómo te sentirías emocionalmente si tuvieras el resultado que deseas. Experimenta estas emociones lo más plenamente posible.

Imagina lo que verías si tuvieras el resultado que deseas.

Imagina lo que tocarías si tuvieras el resultado que deseas.

Imagina lo que escucharías si tuvieras el resultado que deseas.

Haz estas experiencias tan reales como sea posible, haciéndolas más intensas siempre que sea posible y luego déjalas ir.

Cuando estés preparado, despierta de tu meditación.

Capítulo 11: Cómo reunir toda la información

Hemos cubierto una gran cantidad de información en este libro, por lo que en este capítulo, vamos a discutir cómo poner toda esta información junta, para que puedas desarrollar un plan y crear la vida que deseas. En el nivel más básico, hay dos componentes que necesitas practicar para hacer un uso efectivo de la ley de la atracción. Estos componentes son las intenciones y la resistencia.

La intención: tus intenciones son tus proyecciones al universo de lo que quieres experimentar, y estas deben tomar la forma de cómo quieres que sea tu futuro, no cómo son las cosas en el momento presente. Si te centras en lo que tienes ahora, solo conseguirás más de lo mismo. Si te centras en cómo quieres que sea, esa será tu experiencia.

El siguiente ejercicio te ayudará a aclarar en qué debes centrarte:

Escribe las distintas categorías de tu vida. Las categorías de vida más comunes son las siguientes:

- Emocional.
- Relaciones.
- Financiera.
- Salud.
- Profesional.
- Espiritual.

Cuando tengas tus categorías, puntúa cada una de ellas en función de tu nivel de satisfacción, siendo el cero una categoría totalmente insatisfecha y el cinco una categoría totalmente satisfecha. Las categorías que tienen las puntuaciones más bajas son aquellas en las que deberías centrarte primero.

Cuando creas una visión para una categoría, querrás verla tal y como la quieres. Estas visiones son tus intenciones.

Cuando hayas identificado tus intenciones, lo siguiente es descubrir por qué no estás viviendo tu visión actualmente. Para responder a esa pregunta, pregúntate qué te ha impedido vivir tu visión hoy. La respuesta subyacente a esa pregunta es la resistencia. Revisa el capítulo 2 y elige los ejercicios para liberar la resistencia con los que te sientas más cómodo. Te recomiendo encarecidamente que aprendas sobre la meditación y las técnicas de amor propio descritas en el capítulo.

Independientemente de los ejercicios que elijas, practícalos. Hazlos una práctica diaria hasta que puedas manifestarlos.

Recuerda que la esencia de la manifestación es desarrollar el amor y el aprecio cultivando los sentimientos asociados a estas emociones. Mientras cultivas estas emociones, expresa tus intenciones. Cuando hayas hecho esto, permanece abierto a las manifestaciones que entren en tu vida.

Si tienes más de una intención, puedes centrarte en una a la vez, o puedes hacer varias a la vez, dependiendo de lo cómodo que te sientas con el proceso.

Ejercicio para cambiar una creencia

Cambiar las creencias que generan resistencia en nuestra vida por creencias que nos potencian es fundamental para convertirnos en manifestantes conscientes. Afortunadamente, existe un proceso sencillo para ello.

Haz lo siguiente:

- Consigue dos papeles grandes para escribir (de 8" x 11" o más grandes).

- Coge el primer papel y dóblalo por la mitad a lo largo para formar dos columnas.
- En la parte superior del papel, escribe la creencia que deseas cambiar.
- En la columna de la izquierda, enumera todas las consecuencias que has experimentado por tener esta creencia. Los ejemplos podrían ser cómo esta creencia ha afectado a tus relaciones, tu sentido de la autoestima, tu bienestar emocional, tu salud o tus finanzas, etc.
- Cuando comiences tu lista, no pienses en qué escribir, simplemente apunta lo que se te ocurra. Además, hazlo lo más rápido que puedas. La idea es escribir desde el corazón.
- Cuando hayas completado la lista, asigna un número a cada elemento de la misma. El número que le asignes es una medida del impacto que ha tenido ese elemento en ti. La asignación de números se hace de forma puramente arbitraria, guíate por tus sentimientos o por el primer número que se te ocurra.
- Cuando hayas terminado de asignar un valor a cada elemento, suma los números y anótalos al final de la lista.
- En la columna de la derecha, repite este ejercicio, la única diferencia es que vas a hacer una lista de todos los beneficios que has obtenido por tener esta creencia. Al igual que en la primera columna, asigna un número a cada elemento y anota el total en la parte inferior de la columna de la derecha.

Para el segundo papel, vas a repetir el ejercicio, excepto que te vas a centrar en la nueva creencia que va a sustituir a la antigua. Realiza lo siguiente:

- Consigue dos papeles grandes para escribir (de 8" x 11" o más grandes).
- Para el primer papel, dóblalo por la mitad a lo largo para hacer dos columnas.
- En la parte superior del papel, escribe una nueva creencia que sustituya a la antigua, por ejemplo: si la antigua creencia era "nunca hago nada bien", tu nueva creencia puede ser "cada vez que intento algo nuevo, aprendo algo".
- En la columna de la izquierda, enumera todos los beneficios que crees que experimentarías si vivieras según esta creencia.
- Cuando comiences tu lista, no pienses en qué escribir, simplemente apunta lo que se te ocurra. Además, hazlo lo más rápido que puedas. La idea es escribir desde el corazón.
- Cuando hayas completado la lista, asigna un número, del cero al cinco, a cada elemento de la misma. El número que asignas es una medida del grado de diferencia en tu vida que supones que este elemento haría. La asignación de números debes llevarla a cabo de forma puramente arbitraria, así que guíate por tus sentimientos o por el primer número que se te ocurra.

- Cuando hayas terminado de asignar un valor a cada elemento, suma los números y anótalos al final de la lista.
- En la columna de la derecha, vas a repetir lo que hiciste en la de la izquierda, con una diferencia, vas a hacer una lista de las consecuencias que crees que puede crear tu nueva creencia. Al igual que en la primera columna, asigna un número a cada elemento y anota el total en la parte inferior de la columna de la derecha.
- Cuando hayas completado las dos listas, lee cada elemento de las mismas, asegurándote de permitirte experimentar los sentimientos que surgen al leerlo, y cuando termines, compara los totales numéricos de los dos papeles, así recordarás el peso que cada una de estas listas tiene en tu vida.
- Repite el paso 8 cada día hasta que sientas que has obtenido la intensidad emocional para adoptar la nueva creencia.

Crea una agenda

Para ayudarte a organizar toda tu información, construye una agenda de la ley de la atracción para ti mismo o puedes comprarla, ya que hay muchas que ya están en el mercado. Tu agenda debe incluir las siguientes secciones:

- Un lugar para registrar tus objetivos a corto plazo.

- Un lugar para anotar tus objetivos a largo plazo.
- Las áreas de tu vida en las que quieres mejorar (ve a la parte anterior de este capítulo).
- Tu planificación diaria: para los ejercicios de programación diaria de este libro, los elementos de acción y otra información pertinente.
- Tus nuevas creencias (consulta el ejercicio de este capítulo).
- Una sección de notas en la que puedes apuntar ideas y reflexiones.

Capítulo 12: Mantén el esfuerzo

Aprender a manifestar requiere de tiempo y paciencia, por ello, es fácil empezar a dudar de uno mismo o desviarse del camino y no practicar los ejercicios. En esta sección, discutiremos las formas de mantener tus esfuerzos, incluyendo la confianza en ti mismo, la toma de decisiones y los grupos de apoyo.

Uno de los principales desafíos en el aprendizaje de cómo manifestar es aprender a confiar en tus habilidades, lo que puede ser un desafío si no estás experimentando la evidencia o materialización de tu manifestación, por lo que es fácil dudar de uno mismo. Debido a todo ello, es útil empezar manifestando cosas que no son importantes para ti. Voy a compartir una experiencia personal para ilustrar este punto. Cuando empecé a intentar manifestar, mi intención era aumentar mis ingresos, y la razón de ello estaba alineada con el amor, ya que quería proveer más para mi familia. Después de una semana de meditar y expresar mis intenciones, todavía no veía ningún cambio, aunque hice mi parte tomando todas las acciones necesarias. Me encontré buscando continuamente la más mínima evidencia que confirmara que la ley de la atracción estaba funcionando, pero al final empecé a dudar de su eficacia, mi continua búsqueda de resultados era una expresión de mi falta de confianza en mis habilidades para manifestar.

Cuando me di cuenta de lo que me estaba haciendo a mí misma, cambié mi intención de atraer algo que estaba cargado emocionalmente, que era el dinero, a una intención de atraer algo a lo que no estaba apegada emocionalmente, que era una revista.

Pensé en la portada de una revista que vería cuando fuera a la biblioteca ese mismo día. Efectivamente, vi la portada de la revista que había visualizado en mi meditación, como no era importante para mí, no pasé tiempo pensando en ella. Al seguir practicando de esta manera, desarrollé la confianza en mí misma para manifestar aquellas cosas que eran emocionalmente significativas para mí.

Toma de decisiones

A lo largo de nuestra vida, tenemos que tomar decisiones sobre cómo vamos a avanzar en el camino. ¿Cómo sabemos que nuestras decisiones están alineadas con las intenciones que estamos trabajando para manifestar?

Las siguientes son pautas para realizar una correcta tomar decisiones:

- Pregúntate si la decisión que tomas te acercará a tus intenciones o te alejará.

- En lugar de limitarte a tomar una determinada decisión, ¿hay otras opciones que podrías tomar? Rara vez en la vida nos limitamos a una sola opción.
- Una vez que hayas tomado tu decisión, quédate con ella hasta que se presente una opción mejor. Hasta entonces, cultiva tantas emociones positivas como puedas para tu decisión.
- Muéstrate agradecido por haber tomado una decisión consciente y por haber invertido en ella.

Grupo de apoyo

Como en cualquier empresa humana, siempre es útil estar rodeado de personas con ideas afines que te apoyen, te animen y te den su opinión. Hay muchos grupos, tanto en línea como en persona, para aquellos que comparten un interés en la ley de la atracción. Encuentra un grupo donde puedas compartir experiencias e información.

Palabras de aliento

Como mencionamos anteriormente, la ley de la atracción no tiene un fin en sí mismo, ya que es solo una función normal del universo que estamos aprendiendo a utilizar conscientemente. Queremos aprender a manifestar porque creemos que seremos más felices si podemos atraer los deseos que tenemos a nuestra vida, puesto que al hacerlo creemos que nos sentiremos completos, que ya no sentiremos que nos falta algo.

Al alcanzar niveles superiores de conciencia, se hará evidente para ti que lo que somos está más allá de tus pensamientos, más allá de tus conceptos y más allá de tus deseos. Como conciencia, tú eres el que está consciente de todas estas cosas. Lo que somos en nuestro nivel más esencial no conoce el significado de necesidad, deseo, esfuerzo o manifestación, porque somos el testigo de todo ello. Como conciencia pura, podemos manifestar cualquier cosa que queramos espontáneamente sin esfuerzo. Alcanzar tu naturaleza esencial no requiere que aprendas nada nuevo ni que practiques ninguna habilidad. De hecho, implica soltar tu necesidad de ser cualquier cosa que no sea lo que originalmente eres con plena aceptación.

Muchas gracias por leer hasta el final y ¡buena suerte!

Maya Faro

Más libros de Maya Faro en español –en tu tienda de Amazon

www.ingramcontent.com/pod-product-compliance
Lightning Source LLC
Chambersburg PA
CBHW071400080526
44587CB00017B/3143